국역 삼인록

선산의 세 어진 선비

국역 삼인록

선산의 세 어진 선비

초판 1쇄 인쇄 2021년 6월 1일
초판 1쇄 발행 2021년 6월 9일

엮 은 이 이상일
옮 긴 이 이종한
펴 낸 이 신일희
펴 낸 곳 계명대학교출판부
출판등록 제347-1998-1호(1970. 9. 1)
주 소 대구광역시 달서구 달구벌대로 1095
대표전화 053-580-6233
팩 스 053-580-6235
홈페이지 www.kmupress.com

ISBN 979-11-6516-079-1 93990 정가 19,000원

국역 삼인록

선산의 세 어진 선비

이상일(李尙逸) 엮음
이종한(李鍾漢) 옮김

계명대학교출판부

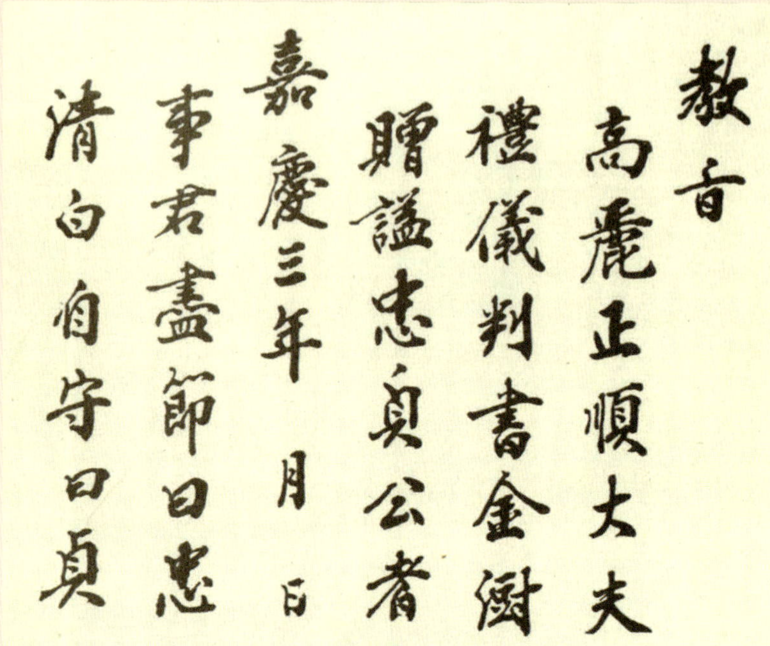
教旨
高麗正順大夫
禮儀判書金澍
贈諡忠貞公者
嘉慶三年 月 日
事君盡節曰忠
清白自守曰貞

▲ 농암 선생 충정공(忠貞公) 증시(贈諡) 교지(教旨)

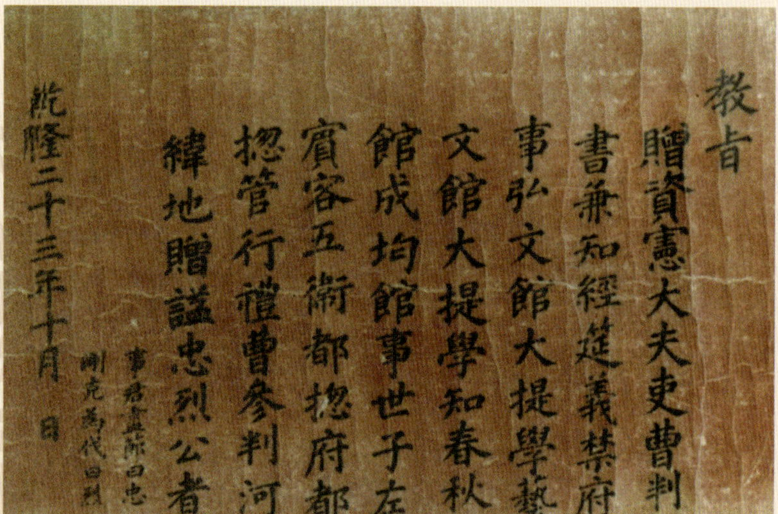
教旨
贈資憲大夫吏曹判
書兼知經筵義禁府
事弘文館大提學藝
文館大提學知春秋
館成均館事世子左
賓客五衛都摠府都
摠管行禮曹參判河
緯地贈諡忠烈公者
事君盡節曰忠
剛克爲伐曰烈
乾隆二十三年十月 日

▲ 단계 선생 충렬공(忠烈公) 증시 교지

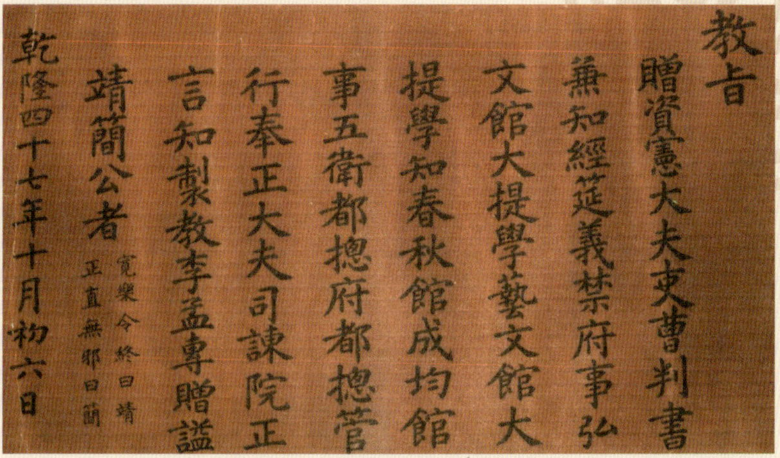
教旨
贈資憲大夫吏曹判書
兼知經筵義禁府事弘
文館大提學藝文館大
提學知春秋館成均館
事五衛都摠府都摠管
行奉正大夫司諫院正
言知製教李孟專贈諡
靖簡公者 寬樂令終曰靖 正直無邪曰簡
乾隆四十七年十月初六日

▲ 경은 선생 정간공(靖簡公) 증시 교지

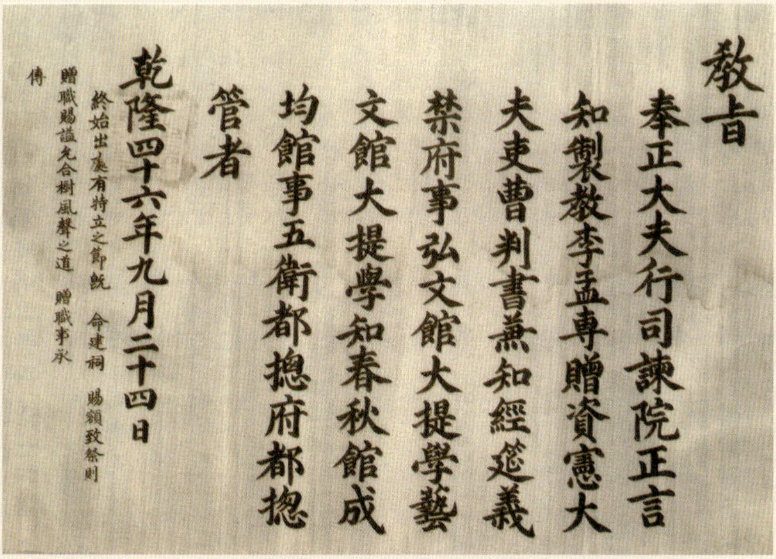
教旨
奉正大夫行司諫院正言
知製教李孟專贈資憲大
夫吏曹判書兼知經筵義
禁府事弘文館大提學藝
文館大提學知春秋館成
均館事五衛都摠府都摠
管者
終始出處有特立之節旣 命建祠 賜額致祭則
乾隆四十六年九月二十四日
贈職賜諡允合樹風聲之道 贈職事承
傳

▲ 경은 선생 증직(贈職) 교지

발간사

초야(草野)에 묻혀 농사일을 주업(主業)으로 일구고 살아온 사람으로 일찍부터 문중(門中)의 여러 어른들과의 교유(交遊)를 통해 경은(耕隱) 선조(先祖)의 사적(事蹟)에 대해 많이 들었다. 한 인간이 어떻게 30년 가깝게 눈뜬 봉사와 귀머거리 행세를 하면서 죽을 때까지 처자식도 눈치 채지 못하도록 살아갈 수 있을까? 대의명분(大義名分)을 지키기 위해 단번에 한 목숨 던져 살신성인(殺身成仁)하는 결기도 대단하지만, 일찍이 주자(朱子)가 "비분강개하여 자기 몸을 죽이는 것은 쉽지만, 차분하고 태연하게 의로 나아가는 것은 어렵다.(感慨殺身者易, 從容就義者難.)"라고 하였듯이, 한두 해도 아니고 오롯이 삼십(三十) 성상(星霜) 기나긴 세월 동안 일편단심(一片丹心)으로 이를 궁행(躬行)하신 경은 선조의 삶은 범인으로서는 감히 범접(犯接)하지 못할 경지이랄 수밖에 없다.

훌륭하신 선조의 변치 않은 지조(志操)와 절개(節槪)는 소싯적 일제강점기와 만주(滿洲)에서의 객지 생활 그리고 6.25전쟁 등의 험난한 인생 여정을 지나오면서 흔들림 없이 살아가도록 앞길을 밝혀준 든든한 등불이었을 뿐 아니라, 고향 마을의 동장으로 새마을운동 사업을 추진하거나 영천시(永川市) 행정 담당 상담위원 등으로 공무(公務)를 수행할 때도 멸사봉공(滅私奉公)하는 일처리와 처신(處身)의 지침이 되어주었다. 모쪼록 경은 선생의 후손이라는 사실은 내 삶을 지탱해준 자부심(自負心)과 자존감(自尊感)의 원천이었다.

경은 선조의 사적을 인연으로 일찍이 ≪삼인록(三仁錄)≫에 관심을 갖고 농암(籠巖) 김주(金澍) 공과 단계(丹溪) 하위지(河緯地) 공의 생애와 사적에도 눈을 돌릴 수 있었음을 감사하게 생각한다. 용계서원(龍溪書院)에서 영인하여 발행한 ≪삼인록≫을 늘 신변(身邊)에 두고 틈날 때마다 접하면서 세 어진 선비의 충절(忠節)을 향왕(嚮往)하는 마음을 되새겨 왔다. 그러던 중 한때 집안일로 풍수지리(風水地理)에 심취(心醉)하여 관련 서적을 구하기 위해 고서점을 출입하던 시절이 있었다. 2015년 봄 어느 날 서울 동묘역(東廟驛) 인근의 고서(古書) 전문 서사(書肆)에 들러 책을 찾던 중 ≪삼인록전(三仁錄全)≫이란 표제가 붙은 책자를 발견하였다. 기쁜 마음에 구입하여 펴보니 1983년 음력 10월 4일자로 된 김익환 씨의 ≪삼인록(三仁錄)≫ 제3판 간행사가 실려 있고, 일부는 번역도 되어 있었다. 그렇지만 전문이 모두 번역된 것도 아닌데다 우암(尤庵)이 쓴 서문 부분부터 오역(誤譯)투성이었다. 특히 눈멀고 귀먹었다고 한 경은 선조의 사적이 단계 공의 일로 번역되어 있는 대목에 이르러서는 아연실색(啞然失色)하지 않을 수 없었다. 그 책이 세상에 돌아다니며 세 분에 대한 잘못된 사실을 퍼뜨릴 수 있음에 생각이 미치자 그대로 둘 수가 없었다.

그리하여 서울에 거주하는 문중의 연헌(燕軒) 이윤기(李潤基) 박사를 중심으로 벽농(碧儂) 이종일(李鍾日), 삼원(三元) 이인수(李仁洙), 벽파(碧坡) 이종건(李鍾健), 벽봉(碧峯) 이종립(李鍾立) 제씨(諸氏)와 회동하여 ≪삼인록≫을 제대로 번역하여 세상에 전해야겠다는 결의를 다졌다. 이 모임을 주도한 이윤기 박사는 제11대 국회의원과 도산서원(陶山書院) 원장 등을 역임하고, 사단법인 해외한민족연구소(海外韓民族硏究所) 이사장, 해동학회(海東學會) 회장, 중국 연변대학(延邊大學) 명예교수로서 블라디보스토크의 신한촌기념비 건립, 중국 용정(龍井)의 윤동주(尹東柱) 시비 건립 및 고택 복원, 고구려 고분벽화의 촬영과 언론 공개 등을 실행에 옮기신 문중 어른이시다. 그해 10월에 이환기(李煥基) 사장님은 금일봉을 쾌척하여 협찬해주었다.

마땅한 번역자를 물색하느라 고심하던 중 이듬해 2016년에 문중의 후손으로 계명대학교 중국어문학전공 교수로 재직 중인 이종한(李鍾漢) 박사를 직접 찾아가 번역의 필요성을 설명하며 정중하게 부탁하였다. 특히 이 교수는 고(故) 간송(澗松) 이원엽(李元曄) 족형(族兄)의 친손(親孫)이기에 믿고 부탁할 수 있었다. 간송 형님은 살아생전에 본인을 퍽 아끼며 인자(仁慈)하게 대해 주셨는데, 고매한 인품(人品)과 학식(學識)으로 문중과 사림(士林)은 물론 영천 고을 뭇 사람들의 존경을 받으셨던 분이다. 이 교수가 이런 뜻에 공감하고 흔쾌히 번역 일을 맡아 주어서 너무 기쁘고 대견하였다. 모쪼록 자신의 전공(專攻) 학문을 살려 요즈음 사람들이 쉽게 다가갈 수 있도록 한문(漢文)으로 된 ≪삼인록≫을 쉬운 우리말로 번역하고 자세한 주석을 붙이는 어려운 작업을 성심껏 수행해준 이종한 교수에 대한 특별한 감사의 뜻을 여기에 적어둔다.

이 책의 출간은 이 교수의 제안(提案)에 따라 영천 문중의 임천(林泉) 이철기(李哲基), 광윤(光允) 이익순(李益淳) 씨와 상의하여 계명대학교출판부에 맡기기로 하였다. 귀한 책을 상재(上梓)해 주신 계명대학교와 당해 출판부 여러 선생님들의 정성과 노고에 심심한 사의(謝意)를 표한다. 한학(漢學)에 조예(造詣)가 깊어 이 교수의 번역문 초고(草稿)를 읽고 검토해주신 삼원 이인수 씨께도 정중한 감사와 존경의 마음을 전한다. 끝으로 문중 제현(諸賢)들의 뜻이 한데 모여 경은 선조의 사적이 포함된 ≪삼인록≫이 제대로 번역 출간됨을 퍽 다행스럽고 감사하게 생각한다.

신축년(辛丑年) 춘삼월(春三月)

성균관(成均館) 부관장(副館長)

경은 선생 16세손 명산(鳴山) 이활로(李活魯) 근지(謹識)

역자 서문

어릴 적에 인자하신 할아버지로부터 경은 선조에 관한 이야기를 자주 들었다. “너의 18대조 할아버지께서는 30년 가깝게 눈멀고 귀먹었다고 하시며, 북쪽으로는 보지 않고 매월 초하루에는 아침 해 돋는 곳을 향해 절을 하며 사셨단다.” 그때 무슨 영문인지는 자세히 모른 채 어떻게 그러셨을까 어리둥절해하며 한쪽 귀로 듣고 한쪽 귀로 흘리기 일쑤였다. 그렇지만 뇌리에 선명하게 각인되어 약 60년이 흐른 지금에도 그 장면이 눈에 선하고 귀에 쟁쟁하다. 한학(漢學)을 하신 선조고(先祖考)의 영향으로 대학에서 한문학을 공부하고 석·박사과정에서 중국문학을 전공하여 한문으로 된 고전을 읽고 연구하는 것이 일상사가 되었다. 그 덕에 경은 선조의 사적이 포함된 ≪삼인록(三仁錄)≫을 우리말로 번역하고 주석을 붙이는 작업을 하게 되었으니 감회가 여간 새롭지 않다.

이 책에서 말하는 ‘삼인(三仁)’이란 충정공(忠貞公) 농암(籠巖) 김주(金澍, 1365~?), 충렬공(忠烈公) 단계(丹溪) 하위지(河緯地, 1412~1456), 정간공(靖簡公)

경은(耕隱) 이맹전(李孟專, 1392~1480) 세 선생을 지칭한다. 김주 선생은 명(明)나라에 사신으로 갔다가 돌아오는 길에 고려가 망했다는 소식을 접하고 충신은 두 임금을 섬기지 않는 법이라며 압록강에서 발길을 돌려 명나라로 망명하였고, 하위지 선생은 세조(世祖)에 맞서 단종(端宗)의 복위를 도모하다 실패해 죽임을 당한 사육신의 한 분이며, 이맹전 선생은 수양대군(首陽大君)이 계유정난(癸酉靖難)을 통해 권력을 장악하자 시국이 혼란스러워질 조짐을 미리 알고 외직을 자청하였다가 벼슬을 내던지고 낙향하여 약 30년간을 청맹과니에 귀머거리 행세를 하며 학문에만 정진한 생육신의 한 분이다.

이 세 분은 모두 선산(善山) 곧 지금 경북 구미시(龜尾市) 지역 출신으로 그곳 사림(士林)들이 일찍이 한 고을에서 공자(孔子)가 ≪논어(論語)·미자(微子)≫편에서 은(殷)나라의 '세 어진 인물'로 지목한 미자(微子), 기자(箕子), 비간(比干)에 비견된다고 하여 '삼인'으로 추앙하였던 것이다. 은나라 마지막 왕 폭군 주(紂)가 주지육림(酒池肉林)에 빠져 향락만 일삼고 국정을 돌보지 않고 있을 때, 이복형인 미자는 누차 간하였으나 듣지 않자 국외로 망명하였고, 왕자 비간은 끝까지 간하다가 가슴이 찢기는 극형에 처해졌으며, 숙부인 기자는 망명한 뒤 신분을 감추기 위해 머리를 풀어 헤치고 거짓 미치광이 행세를 하며 노예로까지 전락하였다. 선산 출신 김주, 하위지, 이맹전 세 선비의 사적이 은나라 세 인물의 행적과 닮은꼴로 인식되었던 것이다.

우암(尤庵) 송시열(宋時烈) 선생은 ≪삼인록≫의 서문에서 "선산에는 예로부터 현명한 선비와 세상에 널리 알려진 명망 있는 인물이 많이 배출되었다."라는 전제 아래, "은나라는 온 천하를 다 차지하고도 단지 세 사람의 어진 인물만 있었을 뿐이었지만, 지금 선산은 동방의 한 작은 고을에 불과한데도 존중하고 칭찬하면서 인하다고 일컫는 인물이 은나라와 동일한 수에 달하니 아아! 이 얼마나 성대한 것인가!"라고 치켜세운 바 있다. 실제로 선산은 여말(麗末)·선초(鮮初)에 불사이군(不事二君)의 충절(忠節)로 모범을 보인 성리학의 비조 야은(冶隱) 길재(吉再) 선생의 출신지로, 김숙자(金叔滋), 이맹전, 김종직(金宗直), 김굉필(金宏弼) 등으로 이어진 그의 후학들에 의해 절의(節義)를 실천하는 학풍이 성행했던 곳이다.

우리나라는 고려 말에 유학을 받아들인 이후 조선 왕조에서는 500여 년간 그 이념을 국가 통치 이데올로기로 삼을 정도로 떠받들고 존숭하였다. 선산, 안동, 성주, 영천 등지를 중심으로 한 영남 지역은 유학을 숭상하는 학풍이 특히 성하여 선비의 고향으로 불리고 있다. 그중에서 '인(仁)'의 가치를 실천한 선산 출신 세 분의 사적을 통해 백세청풍(百世淸風) 영남 선비의 지조와 선비문화의 정신을 이해하는 것은 매우 의미 있다고 생각되어, 현대인들이 쉽게 다가갈 수 있도록 읽기 쉬운 우리말로 번역하고 상세한 주석을 붙였다. 모쪼록 이 책이 물질 만능과 정신의 상대적 빈곤 속에서 인간성 상실의 위기에 허덕이고 있는 작금의 경박한 세태에 경종을 울리며 사람다운 참삶의 가치를 되새겨 볼 수 있는 읽을거리로 제공되기를 바란다. 나아가 세 분의 생애와 관련 인물들의 교유관계 및 학맥 파악은 물론, 이를 기초로 영남 유학의 계통과 선비문화를 이해하고 연구하는 데도 일조가 되기를 바라마지 않는다.

개인적으로 경은 선조의 생애에 대한 흠모의 정을 계기로 김주와 하위지 두 분의 사적에 대해서도 공부할 수 있어서 퍽 뜻깊었다. 고령임에도 불구하고 노당익장(老當益壯) 이 책의 번역 출간을 앞장서서 추진해주신 성균관 부원장 명산(鳴山) 이활로(李活魯) 어르신과 번역문의 초고를 꼼꼼히 정독하고 귀한 검토 의견을 보내주신 삼원(三元) 이인수(李仁洙) 어르신 두 분의 열정과 노고에 특별한 존경의 마음을 표한다. 그리고 이 책의 출간을 위해 수고해주신 계명대학교출판부 관계자 여러분께도 하나님의 축복이 함께하기를 기원 드린다.

2021년 4월

계명대학교 영암관 연구실에서

경은 선생 18세손 이종한 씀

일러두기

01 이 책의 원서는 경은 선생의 후손인 용암(龍巖) 이상일(李尙逸)이 강원도관찰사 재직 시인 조선 현종(顯宗) 9년(1668) 선산(善山) 출신의 세 어진 선비인 김주(金澍), 하위지(河緯地), 이맹전(李孟專) 세 분 선생의 공덕을 기리기 위해 '삼인사적(三仁事蹟)'으로 편찬하여 목판본 1책으로 간행한 것이다. 이 책은 '삼인선생사적(三仁先生事蹟)'으로 판각된 원서를 1936년 월암서원(月巖書院)에서 『삼인록(三仁錄)』이란 표제(標題)로 발행한 계명대학교 동산도서관 소장 판본을 저본으로 하여 우리말로 번역하고 상세한 주석을 붙였다.

02 원서에는 하위지와 이맹전 두 선생이 지은 시문(詩文) 외에 후대 사람들이 김주, 하위지, 이맹전 세 분의 공덕을 기리기 위해 쓴 전기와 묘갈명 및 제문 등 추모의 글도 포함되어 있으며, 책머리에 송시열(宋時烈)의 서문과 말미에 이상일(李尙逸)의 발문이 들어 있다.

03 이 책에서는 우리말 번역문을 앞에 두고 현대식 문장부호를 붙인 원문을 뒤에 배치하였다. 주석은 원서에 쓰인 글자 교감 이외에는 원문이 아닌 번역문에 붙여 한문 읽기에 익숙하지 않은 일반 독자들의 눈높이에 맞추었다. 원서의 모습을 보이기 위해 뒷부분에 원판의 영인본도 덧붙였다.

04 주석은 처음부터 끝까지 일련번호를 붙여 각주로 달았다. 인물, 지명, 기관명, 주요 용어 및 어구에 대한 설명, 작품 관련 배경 지식, 판본에 따른 글자 출입 등을 주로 주석에 담았다.

05 번역문과 주석에서 한자는 가급적 적게 쓰고 반복 사용을 피하려고 했지만, 의미 전달의 명확성을 높이기 위해 고유명사나 주요 용어를 중심으로 필요하다고 생각되는 경우에 괄호 속에 병기하였다.

06 이 책에 쓰인 주요 문장부호는 다음 원칙에 따랐다.

·　번역문의 병렬 문구 사이에
、　원문의 병렬 문구 사이에
' '　중요한 의미를 지닌 어구나 용어를 강조할 때
" "　인용할 때
( )　한자 또는 원문을 병기할 때
≪ ≫　책이름을 표기할 때
< >　책의 편명, 단편 작품명 등을 표기할 때

차례

단계 하 선생 실기/丹溪河先生實紀

경은 이 선생 실기/耕隱李先生實紀

삼인 선생 사적 서문
三仁先生事蹟序

선산(善山)에는 예로부터 현명한 선비와 세상에 널리 알려진 명망 있는 인물이 많이 배출되었다. 남산사(南山祠)에서 제사를 지내는 네 분의 선생[01]은 본디 알려진 지가 오래되었거니와, 그밖에도 일은 서로 다르지만 인(仁)을 이룬 데 있어서는 같은 세 분의 어진 인물이 있으니 바로 농암(籠巖) 김주(金澍, 1365~?) 선생, 단계(丹溪) 하위지(河緯地, 1412~1456) 선생, 경은(耕隱) 이맹전(李孟專, 1392~1480) 선생이다. ≪예기(禮記)≫에서 이르기를 "인을 이루기가 어렵게 된 지 오래되었도다."[02]라고 하였다. 은(殷)나라는 온 천하를 다 차지하고도 단지 세 사람의 어진 인물[03]만 있었을 뿐이었지만, 지금 선

---

01 네 분의 선생: 길재(吉再, 1353~1419), 김종직(金宗直, 1431~1492), 정붕(鄭鵬, 1467~1512), 박영(朴英, 1471~1540)을 가리킨다.

02 ≪예기(禮記)·표기(表記)≫에 "인을 이루기가 어렵게 된 지가 오래되었으니 오직 군자라야 잘할 수 있다.(仁之難成也久矣, 惟君子能之.)"라는 글귀가 있다.

03 세 사람의 어진 인물: 기자(箕子), 미자(微子), 비간(比干)을 가리킨다. ≪논어(論語)·미자(微子)≫편에 "미자는 떠나갔고, 기자는 노예가 되었으며, 비간은 간하다가 죽었다. 공자가 '은나라에 세 어진 분이 계셨다.'라고 하였다.(微子去之, 箕子爲之奴, 比干諫而死. 孔子曰: '殷有三仁焉.'")라는 글귀가 있다. 이들은 은(殷)나라 마지막 왕 폭군 주(紂)

산은 동방의 한 작은 고을에 불과한데도 존중하고 칭찬하면서 인하다고 일컫는 인물이 은나라와 동일한 수에 달하니 아아! 이 얼마나 성대한 것인가!

어떤 사람이 이를 두고 힐난하여 "인의 도리는 지극히 커서 성인 공자께서도 일찍이 쉽게 사람들에게 허락하여 칭찬하지 않았는데[04], 지금 외곬으로 치우친 한 절개를 가지고 그런 이름을 얻는 것은 너무 지나친 게 아닌가!"라고 하기에 나는 이렇게 말한다.

"물론 인은 그 전모를 다 들어서 말한다면 정녕 쉽게 말할 수 없는 것이 사실이다. 다만 마음가짐이나 일 처리가 하늘의 바른 이치에 따른 공평함에 부합하고 사람의 욕심에서 나온 사사로움이 없다면, 이 또한 인하다고 일컫지 아니할 수 없을 터이다. 성인 공자의 문하생들을 두고 말하자면, 하루 또는 한 달에 어쩌다 한 번 인에 이를 뿐인 여러 제자들도 있었지만 그럼에도 불구하고 공자께서 인하다고 하였다.[05] 그러니 더군다나 농암(籠巖)이 고국과 처자식을 헌신짝처럼 내버리고 중국의 형초(荊楚)[06] 땅

가 주지육림(酒池肉林)에 빠져 향락만 일삼고 국정을 돌보지 않고 있을 때, 지성으로 부당함을 간한 왕족으로 공자가 그들을 '삼인(三仁)'으로 지칭한 것이다. 그의 이복형인 미자는 누차 간하였으나 듣지 않자 국외로 망명하였고, 숙부인 기자는 망명한 뒤 신분을 감추기 위해 머리를 풀어 헤치고 거짓 미치광이 행세를 하며 노예로까지 전락하였으며, 왕자 비간은 끝까지 간하다가 가슴이 찢기는 극형에 처해졌다. 이때 주(紂)는 화가 치밀어 성인(聖人)의 심장에는 구멍이 일곱 개나 있다고 들었는데 진짜 그런지 확인하겠다며 비간의 심장을 도려내 꺼내도록 하였다고 한다.

04 인의……않았는데: ≪논어≫ 여러 곳에서 어떤 인물이 인(仁)한지 물었을 때 공자가 모르겠다고 답한 것을 가리킨다. 공자가 모르겠다고 한 것은 아니라는 뜻을 우회적으로 나타낸 '사불박절(詞不迫切)'한 완곡어법이다.

05 하루……하였다: ≪논어·옹야(雍也)≫편에 공자가 "안회(顏回)는 그의 마음이 석 달 동안이나 인을 어기지 않는데, 나머지 제자들은 하루 또는 한 달에 어쩌다 한 번 거기에 이를 뿐이다.(回也, 其心三月不違仁, 其餘則日月至焉而已矣.)"라고 한 글귀가 있다.

06 형초(荊楚): 통상 지금 중국 호북성(湖北省) 전역과 그 주변 일대를 가리킨다.

에서 생을 마치면서도 한 번도 후회한 적이 없었던 것은 진문자(陳文子)[07]가 제(齊)나라를 떠난 지 얼마 지나지 않아 다시 되돌아 온 것과 어찌 비할 바이겠으며, 이른바 자신을 희생하여 인을 이루고 자신의 삶을 추구하기 위하여 인을 해치지 않았던 것[08]은 단계(丹溪)를 두고 말할 수 있을 뿐이며, 마치 장님이나 귀머거리처럼 살면서 자신의 뜻을 이룬 것은 경은(耕隱)이 어리석고 용렬한 임금을 만나 머리를 풀어 헤치고 거짓 미치광이 행세를 하며 수난을 당한 현인 기자(箕子)[09]의 의로움을 흠모해서 한 일임에 있어서야 오죽하겠는가!"

이 세 분은 비록 인의 전모를 가지고 논할 수는 없지만 변고를 당해서도 올바름을 잃지 않고 각각 본심이 편안히 여기는 바를 얻었으니 이른바 하늘의 바른 이치에 부합하고 사람의 욕심이 없다고 하는 경지에는 거의 도달하였다고 할 터, 살아서는 같이 전하고 죽어서는 같이 기록할 만

---

07 진문자(陳文子): 성이 전(田)이고 이름이 수무(須無)이며 전문자(田文子)라고도 한다. ≪논어·공야장(公冶長)≫편에 진문자에 대해 다음과 같은 기록이 적혀 있다. 자장(子張)이 "최자가 제나라 임금을 시해하자 진문자가 말 40필이 있었음에도 불구하고 그것을 버리고 제나라를 떠나 다른 나라에 가서는 '우리나라 대부 최자와 같다.'라고 하고는 그 나라를 떠나갔습니다. 다른 나라에 가서는 또 '우리나라 대부 최자와 같다.'라고 하고는 그 나라를 떠나갔습니다. 이 사람은 어떻습니까?(崔子弑齊君, 陳文子有馬十乘, 棄而違之, 至於他邦, 則曰: '猶吾大夫崔子也.' 違之, 之一邦, 則又曰: '猶吾大夫崔子也.' 違之, 何如?)"라고 묻자, 공자가 "청고한 사람이다.(清矣.)"라고 답하였다. 자장이 "인하다고 하겠습니까?(仁矣乎?)"라고 묻자, 공자가 "잘 모르겠다마는 어찌 인하다고 하겠느냐?(未知, 焉得仁?)"라고 하였다.

08 자신을……않았던 것: ≪논어·위령공(衛靈公)≫편에 "뜻있는 선비와 인한 사람은 자신의 삶을 추구하기 위하여 인을 해치는 일이 없고, 자신을 희생하여 인을 이루는 일은 있다.(志士仁人, 無求生以害仁, 有殺身以成仁.)"라는 공자의 말이 보인다.

09 기자(箕子): 은(殷)나라 마지막 임금인 주왕(紂王)의 숙부로 나라에 도가 행해지지 않자 머리를 풀어헤치고 거짓으로 미치광이 행세를 하며 종처럼 행동한 인물이다. 원문의 "명이(明夷)"는 ≪주역(周易)≫ 64괘(卦) 중 36번째 괘[이하(離下), 곤상(坤上)]로 태양이 땅 속에 빠져 들어간 형상인데, 암군(暗君)이 위에 있어서 명신(明臣)이 화를 당하는 때를 말한다.

하다[10]고 할 수 있을 것이다. 그러므로 선산의 선비들이 하나같이 이 분들을 존경하고 흠모하여 '삼인(三仁)'[11]이라고 부르고, 그 사적을 모아 한 권의 책으로 편찬하여 장차 후세에 길이 전하고자 하는 것은 너무도 당연한 일이다.

경은의 먼 후손[12]인 벽진(碧珍) 여휴(汝休) 이상일(李尙逸)[13]이 지금 강원도관찰사로 있으면서 이 책을 간행하여 세상에 유포하였다. 만약 이 책을 구해 읽어보고서도 감명을 받아서 뜻이 벌떡 일어나고, 숙연히 경건해지며, 완악한 마음이 청렴해지고, 나약한 마음이 떨쳐 일어서지 않는다면 참으로 이른바 사람의 마음을 가지지 못한 자라고 할 터, 이런 사람들은 아무리 백이숙제(伯夷叔齊)[14]와 함께 살더라도 어떻게 해볼 도리가 없을 것이로다!

---

10 살아서는……만하다: ≪송자대전(宋子大全)≫ 권137에 <선산삼인록서(善山三仁錄序)>라는 제목으로 실려 있는 같은 글에서는 "살아서는 뜻을 같이하고 죽어서는 전기를 같이하였다(生同志, 死同傳.)"라고 되어 있다.

11 삼인(三仁): 조선으로 들어오지 않고 중국 땅으로 망명하여 자취를 감춘 충정공(忠貞公) 농암(籠巖) 김주는 미자(微子)에, 단종을 위해 목숨을 바친 충렬공(忠烈公) 단계(丹溪) 하위지는 비간(比干)에, 낙향하여 짐짓 눈멀고 귀먹었다고 하며 살아간 정간공(靖簡公) 경은(耕隱) 이맹전은 기자(箕子)에 비견된다고 하여 '삼인'으로 지칭한 것이다.

12 먼 후손: 원문의 "이손(耳孫)"을 옮긴 것이다. ≪유학경림(幼學瓊林)≫ 권2에 "시조는 비조(鼻祖)라 하고, 먼 후손은 이손(耳孫)이라 한다.(始祖曰鼻祖, 遠孫曰耳孫.)"라는 글귀가 있다. 양웅(揚雄)의 ≪방언(方言)≫ 권1에 시조에 대해 "무릇 사람이 잉태될 때 코가 먼저 모양을 갖추는 까닭에 비조(鼻祖)라 부른다."라고 하였고, 반고(班固)의 ≪한서(漢書)·혜제기(惠帝紀)≫ 주석에 "귀로 들어서 알 뿐 직접 보지는 못한 선조"라고 해서 '먼 후손'을 '이손'이라 한다고 하였다. 이상일은 경은 선생의 6세손이다.

13 이상일(李尙逸): 1600(선조33)~1674(현종15). 조선 중기의 문신으로 본관은 벽진(碧珍), 자는 여휴(汝休), 호는 용암(龍巖)이다. 김장생(金長生)의 문인으로 문과에 급제하여 황해, 강원, 경상도 등지의 관찰사를 역임하였다.

14 백이숙제(伯夷叔齊): 은(殷)나라 말에 제후인 고죽군(孤竹君)의 두 아들 백이와 숙제. 주(周)나라 무왕(武王)이 은나라 주왕(紂王)을 치려는 것을 말리다가 듣지 않자 수양산(首陽山)에 들어가 고사리를 캐어 먹으며 살다가 굶어 죽었다고 전해진다. 절의(節義)를 상징하는 현인의 대명사로 쓰였다.

숭정(崇禎) 무신년[15] 음력 4월에 은진(恩津) 송시열(宋時烈)[16]이 서문을 쓰다.

善山自古多賢士聞人. 南山祠所祭四先生固尚矣, 而餘外又有不同於事, 而同於仁者三仁[17]焉: 曰籠巖金先生澍, 丹溪河先生緯地, 耕隱李先生孟專. 記曰: "仁之難成久矣." 夫以有殷天下之大, 而惟有三仁焉; 今善山以東偏之一邑, 而其尊尚稱道, 而謂之仁者, 與之齊焉. 嗚呼! 何其盛哉!

或有難之者曰: "仁道至大, 聖人未嘗輕以許人, 今以一節之偏而得其名, 無乃過歟!" 曰: "語其全體, 則誠有未易言者, 惟其存心處事之際, 合乎天理之公而無人欲之私, 則抑不可不謂之仁也. 以聖門言之: 諸子有日月至焉, 而猶謂之仁焉, 則況如籠巖之棄鄉國與妻子如視弊屣, 終於荊楚而莫之悔, 豈如[18]陳文子之去齊未久, 而復反焉者比耶? 其所謂殺身成仁, 而毋求生以害仁者, 丹溪可謂云爾; 而託於盲聾以遂其志, 亦豈慕被髮佯狂, 蒙難明夷之義耶?"

斯三人者, 雖不可以全體論之, 而其遭變事而不失其正, 各得乎本心之

---

15 숭정(崇禎) 무신년: 숭정은 중국 명나라의 마지막 황제 의종(毅宗)의 연호로 17년간(1628~1644) 사용되었다. 무신년(戊申年)이란 간지는 송시열(1607~1689)의 생애 동안 1608년과 1668년 두 번 사용되었는데, 그가 두 살 때 이 글을 썼을 리 없으므로 1668년(현종9)으로 보아야 한다. 1668년은 청나라 강희(康熙) 7년이다. 연호를 숭정으로 한 것은 조선의 사대부들이 명나라가 망한 뒤에도 이를 사용한 때문이라 생각된다.

16 송시열(宋時烈): 1607(선조40)~1689(숙종15). 조선 후기의 문신 겸 학자로 본관은 은진(恩津), 자는 영보(英甫), 호는 우암(尤庵), 시호는 문정(文正)이다. 노론의 영수요 주자학의 대가로서 이이(李珥)의 학통을 계승하여 기호학파의 주류를 이루었다.

17 三仁: ≪송자대전·선산삼인록서≫에는 "삼인(三人)"으로 되어 있다. 문맥상 "삼인(三人)"으로 하는 것이 무난하다고 생각되지만 원문대로 두어도 무방하므로 그대로 번역하였다.

18 如: ≪송자대전·선산삼인록서≫에는 "여(與)"자로 되어 있는데, 문맥상 타당하다고 생각되어 번역문에서 이를 반영하여 옮겼다.

所安，則其所謂合天理而無人欲者，殆庶幾焉，而亦可謂生同傳、死同誌者矣. 宜乎善山之士，一體尊慕，號爲三仁，摭其事實，編爲一冊，將以傳於久遠也. 耕隱耳孫碧珍李尙逸汝休，今爲關東伯，剞劂而行于世，其獲而讀之者，有不蹶然而起，肅然而敬，廉其頑而立其懦者，眞所謂無人心者，雖夷齊與居，亦將如之何哉!

崇禎戊申孟夏[19]恩津宋時烈序.

---

19 崇禎戊申孟夏: ≪송자대전·선산삼인록서≫에는 이 구절의 시작에 “시(時)”자가 있고, “맹하(孟夏)” 뒤에 “일(日)”자가 더 들어 있다.

국역 삼인록(三仁錄)

선산의 세 어진 선비

籠巖金先生實紀

농암 김선생 실기

[농암 김 선생 실기/籠巖金先生實紀][20]

농암 선생 전기
籠巖先生傳

월정(月汀) 윤근수(尹根壽)[21] 지음

농암 선생은 성이 김씨(金氏)이고 존함[22]이 주(澍)이다. 고려 공양왕(恭讓王) 때 예의판서(禮儀判書)로 명나라에 하절사(賀節使)로 갔다가 돌아오는 길에 압록강에 이르러 조선 왕조가 개국하였다는 소식을 듣고 부인에게 서찰을 보내어 이렇게 말하였다.

"충신은 두 임금을 섬기지 않고, 열녀는 두 지아비를 바꾸지 않는 법, 내가 압록강을 건너간들 몸 둘 곳이 없을 것이오. 나는 부인이 태중임을 알고 있으니 만약 아들을 낳으면 이름을 양수(揚燧)라 하고, 딸을 낳으면

---

20 원본에는 이 표제가 없는데 전체 체제를 고려하여 보충한 것이므로 [ ]를 표시하였다.

21 윤근수(尹根壽): 1537(중종32)~1616(광해군8). 조선 중기의 문신으로 본관은 해평(海平), 자는 자고(子固), 호는 월정(月汀), 시호는 문정(文貞)이다. 영의정 윤두수(尹斗壽)의 동생이고, 이황(李滉)의 문인이다.

22 존함: 원문은 "휘(諱)"이다. 원래 한문에서는 죽은 사람의 이름은 '휘(諱)', 살아 있는 사람의 이름은 '명(名)'으로 구분하여 불렀다. 다만 이 책에서는 지금의 독자들이 대부분 한글세대임을 고려하여 '존함'으로 옮겼다.

이름을 명덕(命德)이라 하시오. 그리고 조복(朝服)[23]과 신발을 보내어 단지 이것으로 신물(信物)로 삼으니, 부인이 죽거든 이것으로 합장하여 우리 부부의 묘로 삼으시오. 또 강가에 이르러 중국으로 돌아가는 날을 나의 기일로 하고, 장례 후엔 지문(誌文)과 묘갈(墓碣)을 쓰지 마시오."

그러고는 중원으로 들어가서 형초(荊楚) 지방에서 살았다. 그 자손들이 서로 전하여 12월 22일을 선생의 기일로 하였으니 바로 강가에서 서찰을 보낸 날이다. 부인이 해산하여 득남한 뒤 이름을 양보(揚普)[24]라 하였는데, 아마 뒤에 수(燧)를 보(普)로 고친 것이다.

선생의 본관은 선산으로 시중(侍中)[25] 김선궁(金宣弓)[26]의 후예이다. 아버지는 판서인 김원로(金元老)[27]이고, 부인은 문화유씨(文化柳氏) 유사우(柳思雨)의 딸이다. 양보는 문과에 급제하여 문경현감(聞慶縣監)을 거쳐서 벼슬이 선위사(宣慰使)[28]에 이르렀다. 증손과 현손 등 모든 후손들 중에 현달하고 명망 있는 이가 매우 많았는데 대사헌 김지경(金之慶)[29]은 곧 선생의 증손이

---

23 조복(朝服): 관원이 조정에 나아가 하례할 때 입던 예복으로 붉은빛의 비단으로 만들며, 소매가 넓고 깃이 곧다.

24 양보(揚普): 김양보. 생졸년 미상. 조선 전기의 문신으로 문과에 등제한 뒤 사인(舍人)으로 충주판관(忠州判官)을 지냈으며, 울산(蔚山)에서 선위사(宣慰使)를 역임하였다.

25 시중(侍中): 문하시중(門下侍中)으로 고려 때 종1품의 최고 관직 이름이다.

26 김선궁(金宣弓): 생졸년 미상. 고려의 개국 공신으로 선산김씨의 시조이다. 선산에 남정(南征)온 왕건(王建)으로부터 활을 하사받음으로써 이름을 선궁으로 바꾸고 그를 따라 후삼국을 통일하는 데 공을 세워, 문하시중(門下侍中)·삼중대광(三重大匡)·정난보국공신(靖難報國功臣)에 책봉되었다.

27 김원로(金元老): 생졸년 미상. 고려 말 구미 출신의 문신으로 정순대부(正順大夫) 예의판서(禮儀判書), 진현관대제학(進賢館大提學), 지춘추사(知春秋事) 등을 역임하였다.

28 선위사(宣慰使): 조선시대에 외국 사신을 영접하기 위해 임시로 둔 관직으로 2품관 또는 정3품의 당상관(堂上官) 이상인 자로 임명하였다.

29 김지경(金之慶): 1419(세종1)~1485(성종16). 조선 전기의 문신으로 문과에 급제하였으며 자는 유후(裕後)이다.

고, 김지경의 아들 김응기(金應箕)[30]는 좌의정이었다. 그들의 묘에 아직도 표석이 없는 것은 선생의 유촉을 따랐기 때문이다.

만력(萬曆)[31] 정유년(1597) 가을에 중국에서 일본으로 책봉사로 가던 일행 중에 보좌관인 허유성(許惟誠)이란 자가 있었는데, 동래(東萊)에 이르러 자칭 선생의 후손이라 하였다. 그러고 나서 이렇게 말하였다.

"선생이 형초에서 사시면서 세 딸을 낳으셨는데, 자신은 사위 중의 한 사람이고 자신과 두 딸의 후손들도 관직에 이름을 올린 이들이 많습니다."라고 하며, 또 묻기를 "선생께서는 마땅히 후손이 있을 터 신곡김씨(新谷金氏)를 만나고자 합니다."라고 하고 선산김씨는 묻지 않았는데, 김씨 성을 가진 사람들은 선산이 김씨의 본관인 줄만 알 뿐 신곡김씨를 아는 이가 아무도 없어 대답하지 못한 탓에 후손들이 끝내 허유성과 서로 만나지 못하였다.

선생이 선산 신곡[32]의 농암(籠巖) 아래에 터를 잡고 산 적이 있었기 때문에 고을 사람들은 선생을 우러러 흠모하여 감히 이름을 부르지 않고 "농암 선생"이라 불렀다. 아아! 선생이 나라를 위해 바친 충절은 이미 천지간에 충분히 빛나 있지만, 집안 규율로 창졸간에 일어난 일에 대해서 마음속으로 연모하면서도 세상에 소문이 나도록 말하지 않았기에 이 때문에 선생에 대해 아는 사람들이 없었던 것이었다. 아니면 현손인 김응기가 선조의 사적을 밝혀서 세상에 널리 퍼뜨릴 계획을 하지 않았던 것도 조금

---

30 김응기(金應箕): 생졸년 미상. 조선 전기의 문신으로 문과에 급제하였으며, 자는 백춘(伯春), 호는 병암(屛庵)이다.

31 만력(萬曆): 명나라 신종(神宗)의 연호로 49년간(1572~1620) 사용되었으며, 정유년(丁酉年)은 만력 25년(1597)이다.

32 신곡: 마을 이름으로 지금 경상북도 구미시 도개면에 있다.

작용한 때문은 아닐까 한다. 선산은 나의 고향이다. 덕을 숭상하고 부러워하며 칭찬하는 것이 어찌 동향 후배로서의 책임이 아니겠는가? 찬(贊)은 이러하다.

고려 왕조가 망함에 정몽주(鄭夢周)[33] 공, 이색(李穡)[34] 공, 김진양(金震陽)[35] 공, 이종학(李種學)[36] 공, 길재(吉再)[37] 공, 서견(徐甄)[38] 공 등 몇몇 군자들 중에 혹은 죽고 혹은 죽지 않았으나, 그 충의가 겉으로 나타나 스스로 마음속으로 다스린 것은 마찬가지라 하겠다. 요컨대 고려 말의 신하로 왕실을 위해 마음을 다한 사람은 진실로 몇몇뿐이다. 대저 선산은 겨우 백리 되는 고을인데 길재 공이 있은 뒤에 또 김주 공과 같은 이가 있어 두 분이 일시에 한 고향에서 일어나서 함께 나란히 수레를 달려 백이숙제를 뒤따라 천년만년토록 우뚝 솟아 신하로서 두 마음을 품는 것을 막았음을 사람들은 알지 못한다. 남긴 충절은 본디 땅의 신령한 기운이 쌓여 나온 것으로 우뚝 솟은 금오산(金烏山)이 무게를 더한 것 같다. 오호라! 성대하

33 정몽주(鄭夢周): 1337(충숙왕 복위6)~1392(공양왕4). 고려 말 충신으로 본관은 영일(迎日), 출생지는 영천(永川), 자는 달가(達可), 호는 포은(圃隱), 시호는 문충(文忠)이다. 이색·길재와 함께 고려의 삼은(三隱)으로 불리며, 문묘(文廟)에 배향되었다.

34 이색(李穡): 1328(충숙왕15)~1396(태조5). 고려 말 문신이며 성리학자로 본관은 한산(韓山), 자는 영숙(穎叔), 호는 목은(牧隱), 시호는 문정(文靖)이다. 정몽주·길재와 함께 고려의 삼은(三隱)으로 불린다.

35 김진양(金震陽): ?~1392(태조1). 고려 말 충신으로 자는 자정(子靜), 호는 초려(草廬)이다. 이성계(李成桂)를 제거하려다가 실패로 돌아간 뒤 유배지에 죽었다.

36 이종학(李種學): 1361(공민왕10)~1392(태조1). 고려 말의 문신으로 본관은 한산(韓山), 자는 중문(仲文), 호는 인재(麟齋)이며, 이곡(李穀)의 손자이고 이색(李穡)의 둘째 아들이다.

37 길재(吉再): 1353(공민왕2)~1419(세종1). 고려 말의 문신으로 본관은 해평(海平), 자는 재보(再父), 호는 야은(冶隱)·금오산인(金烏山人). 이색·정몽주와 함께 고려의 삼은(三隱)으로 불린다.

38 서견(徐甄): 생졸년 미상. 고려 말의 문신으로 본관은 이천(利川이다. 정몽주가 피살되고 이성계(李成桂)와 조준(趙浚)과 정도전(鄭道傳) 등이 실권을 장악하자 김진양 등과 함께 유배되었다.

도다! 게다가 군자는 죽은 뒤에 이름이 나지 않는 것을 미워하였으며[39], 명성이란 본래 싫어할 것도 아니니다. 농암이 세운 바 충절은 이와 같이 열렬하였는데 끝내 그 발자취를 감추고 사후의 명성을 계획하지 않아서, 후세 사람들이 다시는 농암이란 사람이 있었음을 알지 못하게 하였다. 오호라! 선생의 보통 사람들보다 높은 인품은 측량할 길이 없도다!

籠巖先生, 姓金氏, 諱澍. 高麗恭讓王朝, 以禮儀判書, 如皇朝賀節, 還到鴨綠江, 聞我朝開國, 寄書夫人曰: "忠臣不事二君, 烈女不更二夫, 吾到[40]江, 卽無所容其身. 我知夫人有娠, 若生男, 名曰揚[41]燧; 生女, 名曰命德. 仍送其朝服及靴, 但以此爲信, 夫人下世後, 以此合葬, 爲我夫婦之墓. 且以到江上還向中朝之日爲我忌日, 葬後勿用誌文、墓碣." 遂還入中原, 居于荊楚. 其子孫相傳, 十二月二十二日爲先生諱日, 卽江上發書之日也. 夫人解娩得男, 命之曰 "揚普", 蓋改燧爲普.

先生系書[42]善山, 侍中宣弓之後, 考曰判書元老, 夫人文化柳氏思雨之女也. 揚普登文科, 歷聞慶縣監, 官至宣慰使. 曾、玄諸孫躋顯仕者相望, 大司憲之慶, 卽先生曾孫; 之慶之子應箕, 左議政. 其墓尙闕表石者, 遵其遺命也. 萬曆丁酉秋, 冊封日本之行, 有幕下官許惟誠者, 到東萊, 自稱先生之裔. 因言: "先生家荊楚生三女, 許卽其女壻之一, 許及其二女之後, 多登

---

39 군자는……미워하였으며: ≪논어·위령공(衛靈公)≫편과 ≪사기(史記)·백이열전(伯夷列傳)≫에 "군자는 죽은 뒤에 이름이 일컬어지지 않는 것을 미워하였다.(君子疾沒世而名不稱焉.)"라는 글귀가 있다.

40 到: ≪월정집(月汀集)≫ 권4의 <농암선생전(籠岩先生傳)>에는 "도(渡)"로 되어 있는데, 문맥상 옳다고 생각되어 번역문에 반영하였다.

41 揚: ≪월정집≫ 권4의 <농암선생전>에는 "양(楊)"으로 되어 있다.

42 書: ≪월정집≫ 권4의 <농암선생전>에는 "출(出)"로 되어 있는데, 문맥상 옳다고 생각되어 번역문에 반영하였다.

仕籍者云.” 且聞[43]: “先生應有其後, 欲見新谷之金.” 不問善山金姓. 人只知善山爲金氏鄕貫, 而莫曉所謂新谷之金, 不能對, 後孫竟不得與惟誠相見. 先生卜居善之新谷里籠巖下, 鄕人尊慕之, 不敢名而仍稱之曰 “籠巖先生.”

噫! 先生殉國之節, 旣足以振耀於宇宙間, 而其家今[44]之出於倉卒之際者, 猶且眷眷以無聞於世爲言, 此人無有知之者; 抑應箕略不爲祖先闡揚計, 亦少推矣. 善山, 吾鄕也. 尙德而艶稱之者, 豈非同鄕後來者之責乎? 贊曰:

麗朝之亡, 如鄭公夢周、李公穡、金公震陽、李公種學、吉公再、徐公甄之數君子者, 或死或不死, 而其義形於色, 自靖於心, 則同歸云爾. 總之, 麗末之臣乃殫心王室者, 固自有數. 夫以善之府, 僅百里邑, 而乃有吉公再; 人不知又有如金公澍者, 一時並起於一鄕, 方駕齊驅, 追蹤夷、齊, 屹然爲千萬世人臣二其心者防. 遺忠斯固地靈之所鍾, 金烏之山巍然若增重者. 嗚呼! 盛矣哉! 且沒世而名不稱, 君子疾之, 名固非可厭也. 乃以籠巖所立, 如是之烈, 而竟泯其迹, 不爲身後名計, 欲使後世不復知有籠巖者. 嗚呼! 先生之高於人, 殆未易量哉!

---

43 聞: ≪월정집≫ 권4의 <농암선생전>에는 “문(問)”으로 되어 있는데, 문맥상 옳다고 생각되어 번역문에 반영하였다.

44 今: ≪월정집≫ 권4의 <농암선생전>에는 “영(令)”으로 되어 있는데, 문맥상 옳다고 생각되어 번역문에 반영하였다. “가령(家令)”은 ‘가규(家規)’와 같은 뜻으로 ‘집안의 규율이나 예법’을 뜻한다.

농암 선생
籠巖先生

인재(訒齋) 최현(崔晛)[45] 지음

공은 선산김씨인데 선친의 존함이 원로(元老)이고 대대로 선산부(善山府) 북쪽 주아리(走兒里)에 살다가 선생 때 이르러 신곡으로 이사하였다. 선생은 개성부윤(開城府尹) 유사우(柳思雨)의 딸에게 장가들었다. 고려가 망하자 선생은 중국 땅으로 들어가서 돌아오지 않았다. 유씨 부인이 유복자를 낳고 이름을 양보(揚普)라 하였으며 자손들이 매우 번성하였다. 살피건대 선생의 사적은 비록 서적에 기록된 것은 없으나 작고한 지 오래되지 않았고 동네 연로하신 어르신들이 입으로 전하는 바가 있었다. 선생의 5대손 응교(應敎) 김진종(金振宗)[46]이 박용암(朴龍巖)[47]과 도의로 교유하였는데, 일찍이 이 사실을 은밀히 용암에게 말하니 용암이 매번 더욱 경탄해하며 혹여 선생의 절의가 묻혀서 전해지지 못할까 두려워하였다. 그 때문에 그의 차

---

45 최현(崔晛): 1563(명종18)~1640(인조18). 조선 중기의 문신으로 본관은 전주(全州), 자는 계승(季昇), 호는 인재(訒齋)이다. 형조참의(刑曹參議), 부제학(副提學), 강원도관찰사(江原道觀察使) 등을 역임하였다. 모친은 벽진이씨(碧珍李氏)로 경은(耕隱) 이맹전(李孟專)의 증손인 이지원(李智源)의 딸이다.

46 김진종(金振宗): 1496(연산군2)~1557(명종12). 조선 중기의 문신으로 본관은 선산(善山), 자는 효선(孝善), 호는 신재(新齋)·문암(文巖)이다.

47 박용암(朴龍巖): 1493(성종24)~1562(명종17). 조선 전기의 학자로 본관은 밀양(密陽), 이름은 운(雲), 자는 택지(澤之), 용암(龍巖)은 그의 호이다.

남 박연(朴演)과 손자 박수일(朴遂一)[48]이 부친과 스승의 말을 적어 일기에 기재하였다. 나의 선친[49] 역시 응교와 한 집안 사람처럼 되어 직접 그 말을 듣고 나에게 이와 같이 깨우쳐 주셨으며, 항상 박군(용암)과 함께 들은 것을 논의하여 확정하고서 용암이 한 말을 밝혀 세상에 널리 전해지도록 하려고 생각한 지 오래되었다.

당시의 발자취와 선생의 자손들이 전하는 것을 살펴보건대, 상세하고 소략함이 비록 같지는 않았지만 대체로 백이숙제가 고사리를 캔 뜻[50]에서 벗어나지 않았다. 또 묘에 표석이 없는 것은 비단 선생만 그런 것이 아니라 판관[51]을 지낸 아들 김양보(金揚普)의 묘에도 묘갈이 없고, 현감을 지낸 손자 김지(金地)[52]는 묘갈은 있으나 비문은 없다. 선생 이하 모두 높은 품계로 추증되었으니 통상적인 예로 헤아려 살핀다면 어찌 기록할 만한 게 한 글자도 없었겠는가? 선생의 증손 대사헌 김지경(金之慶)과 (현손) 좌의정 김응기(金應箕)에 이르러 비로소 묘갈을 세우고 역대 조상의 계보를 갖추어 열거하였지만, 선생만은 이름을 빠뜨리고 적지 않았으니 대개 그 이름과 행적을 숨긴 것은 본래 예사로운 일이 아니다. 예의판서로서 사신으로 갔다가 돌아오지 않은 것은 나라 사람들이 다 아는 바이니, 비록 그 이름과 행적을 없애고자 한들 어찌 가능한 일이겠는가? 그러한즉 자손들이 전하

---

48 박수일(朴遂一): 생졸년 미상. 조선 중기의 문신으로 본관은 밀양, 자는 순백(純伯), 호는 건재(健齋)이다. 임진왜란과 정유재란 때 의병을 일으켜 싸우다가 순국하였다.

49 나의 선친: 최심(崔深, 1512~1589)으로 최현은 그의 차남이다.

50 고사리를 캔 뜻: 백이와 숙제가 무력으로 은(殷)나라의 폭군 주(紂)를 정벌하려고 하는 주(周)나라 무왕(武王)에게 불가함을 간언하였지만 받아들여지지 않자, 그 백성이 되는 것을 부끄럽게 여기고 수양산(首陽山)에 들어가 고사리를 캐어 주린 배를 채우다가 굶어죽은 일을 가리키는데, 절의(節義)를 지키는 것을 뜻한다.

51 판관: 김양보가 역임한 충주판관(忠州判官)을 가리킨다.

52 김지(金地): 생졸년 미상. 조선 전기의 문신으로 세종 대에 문과에 급제하였고 사헌부 장령(司憲府掌令)을 역임하였다.

는 바 돌아오는 길에 압록강에 이르러 유촉의 서찰을 보냈다고 하는 것이 어찌 뗏목을 타고 결별하면서 출발할 무렵에 은밀히 부탁한 말을 감히 드러내서 말하지 못하고 사신으로 갔다고 운운하며 뭉뚱그려 일컬은 것이 아니겠는가? 세대가 이미 멀어졌고 문헌은 징험할 것이 없으니 이러한 등속의 일은 본디 억측할 수는 없지만, 그의 고상한 지조와 굳센 절의, 표연히 멀리 떠난 발자취는 끝내 없어지게 할 수 없는 것이 있는 까닭에 나의 보잘것없는 소견을 함께 기록하여 참고하도록 한다.

公善山金氏, 考諱元考[53], 世居府北走兒里, 至先生移居新谷. 娶開城尹柳思雨女. 高麗亡, 先生入中原不返. 柳夫人生遺腹子, 名揚普, 子孫甚盛. 按先生之事, 雖無載籍, 去故未遠, 父老或有傳者. 先生五代孫金應教振宗, 與朴龍巖爲道義交, 嘗以此密語龍巖, 龍巖每加景歎, 惟恐先生節義泯而無傳. 故其仲子演及孫遂一錄其父師之言, 載于日記. 余先君亦爲應教一家人, 親聞其語, 而誨余如是, 常與朴君商確所聞, 思有以闡揚龍巖之言者素矣.

夷考當時之跡與先生子孫之所傳, 詳略雖或不同, 而槩不出於採薇之意焉. 且墓而不表, 非但先生之爲然, 子判官揚普亦無墓碣, 孫縣監地有墓碣而無文. 自先生以下, 皆追贈崇品, 曁之以常禮, 則豈無一字之可記耶? 至其曾孫大憲之慶、左相應箕, 始立墓碣, 具列祖系, 而皆止于先生, 沒其名不書, 蓋諱其名迹, 固非尋常矣. 以禮儀判書奉使不返, 則國人之所共知, 雖欲泯其名跡, 其可得乎? 然則其子孫所傳還到鴨江, 付書遺命者, 安知其訣

---

53 考: 번역문에서는 ≪인재선생문집(訒齋先生文集)≫ 권16 <습유(拾遺)>에 실린 이 글을 따라 "노(老)"로 고쳐 옮겼다. 아마도 이곳 원문에서는 "휘(諱)"자 앞에 있는 "고(考)"자의 영향을 받아 "고(考)"자로 잘못된 것이 아닌가 한다. 바로 앞글인 윤근수의 <농암선생전>에도 "노(老)"로 되어 있다.

別乘桴臨發密付之語，而不敢顯言，泛稱以奉使云云者耶？世代旣遠，文獻無徵，如此等事，固不臆料，而其抗志秉義，飄然遠逝之迹，終有不可得以泯滅者，故並錄鄙見，以備參考云.

농암 선생 제문
祭籠巖先生文

부사(府使) 조찬한(趙纘韓)[54]

영령이시여! 재주를 크게 받았으나	惟靈受材之宏
어려운 시대를 만났으며	逢時之屯
도의를 지키며 매진하고자 하였으나	秉道而邁
꽉 막힌 때를 만나 그르쳐졌도다	當否而騫
밝을 때에 빛남을 드날리려 해도	抱明揚耀
크게 혼란하여 더욱 암울하였으며	天昏彌黖

54 조찬한(趙纘韓): 1572(선조5)~1631(인조9). 조선 중기의 문신으로 본관은 한양(漢陽), 자는 선술(善述), 호는 현주(玄洲)이다. 승문원제조(承文院提調), 좌승지(左承旨), 선산부사(善山府使) 등을 역임하였다.

더위를 내뿜고 온기를 피워도 噓炎發溫
겨울이 더해 더욱 얼어붙었도다 廣冬愈沍

예법을 관장하고 의례를 맡아 掌禮典儀
무너지고 없어지는 것을 일으켰으며 崩缺斯擧
명을 받들고 하례를 아뢰고자 銜命奏賀
삼가 중국 천자에게로 달려갔도다 肅趨天扆

맡은 일을 잘 마치고 克竣乃事
말과 수레를 돌이켜 班馬旋轅
요동(遼東)을 지나고 계(薊)[55] 땅을 거쳐 歷遼穿薊
고국과 강물을 사이에 두었도다 隔水鄉園
한창 수레에 기름을 치고 재촉하여 方催膏轄
임금님 계신 곳을 우러러보았는데 瞻望君門
누가 뜻하였겠는가? 동쪽 하늘에 孰意東天
상서로운 해가 밤을 이어 瑞日承夜
천명이 크게 바뀌고 天命否[56]革
위대한 성인이 용처럼 날아 등극하였음을 大聖龍翥
돌아가려고 해도 어디로 돌아갈 것인가? 歸將曷歸
나라가 고국이 아니었도다 國非故國

---

55 계(薊): 지금 북경(北京) 지역에 해당한다.

56 否: ≪현주집(玄洲集)≫ 권14에 <제농암선생김공문(祭籠巖先生金公文)>이란 제목으로 실린 글에는 가 “비(丕)”로 되어 있다. “부(否)”자는 문맥상 오자임이 분명하므로 번역문에 이를 반영하여 옮겼다.

받은 사명을	所承者命
장차 어디에 복명하겠는가?	命安所復

이에 관복과 신발을 벗어	爰脫袍靴
종에게 타일러 말하였도다	戒僕有言
"부인이 작고하면	夫人之沒
이것을 같이 합장하고	葬是偕藏
무덤에 표석을 세우지 말 것이며	墓而不表
이름과 행적을 묻어두라"	泯迹與名
종에게 간곡히 부탁하고	丁寧付僕
겸하여 후손에게 타일렀도다	兼飭來昆
마침내 중국 땅으로 돌아가서	遂返華壇
천한 무리에 섞여 지냈으니	與廝混羣
사는 것이 슬프고 죽는 것이 즐거워	悲生樂死
종적을 감추었도다	韜晦滅迹

오호라! 슬프도다!	嗚呼哀哉
산에 올라 고사리를 캐도	登山採薇
그 이름은 죽지 않았고	非是死名
옛터를 지나면서 부른 〈맥수가(麥秀歌)〉[57]는	過墟歌麥

57 맥수가(麥秀歌): 나라가 망한 것을 한탄하여 부른 작자 미상의 상고 시대 가요이다. ≪사기·송미자세가(宋微子世家)≫에 따르면, 기자(箕子)가 주나라에 조회 가는 길에 은허(殷墟)를 지나다가 궁궐은 무너지고 벼와 기장이 자라는 것을 보고 지었다고 전해진다. 그 노래 가사는 이러하다. "보리 이삭 쑥쑥 패고, 벼 기장도 무럭무럭 자라누나. 빤질

충정에서 우러나왔도다	亦出於情
그럼에도 오히려 우뚝 특출하여	然猶特立
이름을 볼 수 있고 행적이 드러났도다	賭[58]名著迹
오호라! 슬프도다!	嗚呼哀哉
형만(荊蠻)[59] 땅에서 글이 끊어지고	荊巒[60]斷文
뜻도 없어졌으나	志在沈滅
거룩한 칭송과 지극한 덕은	聖稱至德
가히 백중지간이로다	何如仲伯
강가에서 두루마기를 벗고	江頭脫袍
이에 종적을 감추었으나	是乃堙沒
오직 의리에 순절하였으니	唯其殉義
지극한 덕은 지경을 같이하도다	至德同域
일은 다르나 자취는 같고	事異迹同
길은 다르나 수레자국은 같도다	殊途等轍

빤질한 저 아이, 나와 잘 지내려 하지 않네.(麥秀漸漸兮, 禾黍油油. 彼狡童兮, 不與我好兮.)"

58 賭: 이 글자로는 문맥이 통하지 않아 "도(睹)"자의 잘못이 아닌가 하여 번역문에 이를 반영하여 옮겼다. 다만 ≪현주집·제농암선생김공문≫에는 이 구절의 네 글자가 "명현적렬(名顯跡列)"로 되어 있는데, 그렇다면 "이름은 현저하게 드러나고 행적은 늘어놓은 만하다"로 풀이될 수 있을 것이다. 아무튼 '이름과 행적이 세상에 널리 알려지다'는 뜻인 것으로 생각된다.

59 형만(荊蠻): 주석 6번의 형초(荊楚)와 같은 뜻으로 지금 중국 호북성(湖北省) 전역과 그 주변 일대를 가리킨다.

60 巒: ≪현주집·제농암선생김공문≫에는 "만(蠻)"자로 되어 있다. 오자임이 분명하므로 번역문에 이를 반영하여 옮겼다.

오호라! 슬프도다!	嗚呼哀哉
그 마음은 곧고	其心貞矣
그 심지는 확고하며	其志確矣
그 자취는 미묘하고	其跡微矣
그 절개는 횃불 같으며	其節爝矣
그 뜻은 비통하고	其意悲矣
그 덕은 지극하노니	其德至矣
우리 동방에서 천고에	吾東千古
한 사람뿐이로다	一人而已
외람되게 이 고을 부사의 자리를 맡아	猥忝邑宰
높은 덕을 우러러 감격하여	景仰彌感
감히 박주를 올리오니	敢薦微薄
영령이시여! 살펴 흠향하시옵소서!	冀靈欽[61]鑑

61 欽: ≪현주집·제농암선생김공문≫에는 "흠(歆)"자로 되어 있는데, 번역문에 이를 반영하여 옮겼다.

또 又

부사 유시회(柳時會)[62]

타향살이 고생이 컸는데	他鄕誕葛
고국은 망하고 없네	故國黍離
넓은 황량한 들판을 지나	一片荒原
정령이시여 돌아오시옵소서!	精魂倘歸
대신 잔을 드리게 하오니	代奠泂酌
바라옵건대 흠향하시옵소서!	庶冀欽思

62 유시회(柳時會): 1562(명종17)~?. 조선 중기 문신으로 자는 본관은 진주(晉州), 자는 중가(仲嘉), 호는 성산(星山)이다, 사옹원정(司饔院正)과 선산부사 등을 역임하였다.

또 又

부사 전영달(全潁達)[63]

주나라 곡식 먹는 것을 부끄럽게 여겨[64]	恥食周粟
마음을 중국 땅에 머물게 하였네	留心晉甲[65]
강가에 임하여 영결하였으니	臨江永訣
충의는 밝은 해를 꿰뚫었네	忠貫白日

63 전영달(全潁達): 1550(명종5)~?. 조선 중기의 문신으로 자는 본관은 천안(天安), 자는 충원(冲遠)이다, 선산부사를 역임하였다.

64 주나라……여겨: 백이숙제가 수양산에 숨어 살며 주나라 곡식 먹는 것을 부끄럽게 여겨 고사리를 캐서 먹다가 굶어죽은 고사를 가리킨다.

65 晉甲: 미상인데 주(周)나라 영토 밖의 중국 땅을 가리키는 것으로 추정된다.

농암 선생 내격사
籠巖先生來格詞

임금과 신하의 의리는 삼강(三綱)[66]의 으뜸으로 천지자연의 올바른 이치에 근본을 두고 사람의 마음에 뿌리를 두고 있다. 비록 천명이 나라를 떠났다고 하더라도 천지자연의 이치가 사람의 마음에 있는 것은 산이 우뚝 솟고 강물이 흐르는 것 같아 일찍이 사라 없어진 적이 없었다. 신하의 직분은 단지 자기 마음속에 있는 것을 다하여 천하 후세 사람들에게 대의를 믿도록 하고자 할 뿐이다. 천명이 떠나가고 떠나가지 않는 것은 논할 것이 못된다.

고려 말에 농암 김 선생은 존함이 주(澍)인데 사신으로 중국에 갔다가 임무를 다 마치고 돌아오는 길에 압록강에 당도하였을 때, 고려의 사직이 망하였다는 소식을 듣고 부인에게 서찰을 보내어 영결하고 고국 땅으로 한 걸음도 돌아오지 않았다. 그 마음이 열렬하고 그 기상이 늠름함이 금오산(金烏山)[67]보다 더 커서 숭산(嵩山)[68]과 비견할 만하였다. 이것이 어찌 지키는 바가 바르고 처하는 바가 편안하여 하고자 하는 것이 살고자 하는

---

66 삼강(三綱): 유교에서 말하는 인륜 도덕의 기본이 되는 세 가지 강령. 임금과 신하, 부모와 자식, 남편과 아내 사이에 마땅히 지켜야 할 도리로 군위신강(君爲臣綱), 부위자강(父爲子綱), 부위부강(夫爲婦綱)을 이른다.

67 금오산(金烏山): 경상북도 구미시·칠곡군·김천시의 경계에 있는 산으로, 주봉은 월봉(懸月峯)이며 높이는 976.5m이다. 1970년 6월 한국 최초의 도립공원으로 지정되었다.

68 숭산(嵩山): 지금 중국 하남성(河南省) 등봉시(登封市) 서북방에 있는 산으로 중악(中嶽)에 해당한다. 동악(東嶽) 태산(泰山), 서악東嶽) 화산(華山), 남악(南嶽) 형산(衡山), 북악(北嶽) 항산(恒山)과 함께 오악(五嶽/五岳)의 하나이다.

것보다 더한 것이 아니겠는가? 풍성(豐城)[69]의 좋은 칼은 비록 진흙 속에 있어도 푸른 무지개 기운이 하늘의 북두성 사이에서도 빛을 발하는 법, 이런 외로운 충성과 큰 절개만은 종국에 매몰될 리가 있은 적이 없었다. 이로부터 문인과 의로운 선비들이 서로 이어서 찬양하여 비록 그 사적이 책에 기록되지는 않았다고 하더라도, 그 풍도와 절개는 이미 사람의 입을 통하여 널리 퍼져서 오랜 세월이 지난 뒤에도 사람의 마음을 놀래 감동하도록 할 수 있었다. 유독 고향에 제사를 모실 사당이 없어 고향의 여러 현인들이 몰래 탄식하였다.

숭정(崇禎) 경오년(1630)에 조찬한(趙纘韓)이 선산부사로 부임하여 삼가 두려워하며 누락되거나 잘못된 일을 매듭짓는 것을 급선무로 여기고, 고을 사람들이 상신한 바에 의거하여 월간(月澗) 가에 사당을 세운 뒤 장여헌(張旅軒)[70]에게 사당의 이름을 청하여 "내격(來格)[71]"이라고 편액하였다. 대저 선생의 유골은 비록 이미 수양산(首陽山)[72]에 묻혔지만 죽지 않은 영혼은 아직도 기린과 봉황을 타고 때때로 고향에 왔다 갔다 할 수 있을 것이다.

---

69 풍성(豐城): 중국 강서성(江西省) 중부에 위치한 도시로 간장(干將)과 막야(莫邪)와 같은 보검이 묻혀 있었던 것으로 유명하다. 당나라 때 왕기(王起, 760~847)라는 문인이 <두간견검기부(斗間見劍氣賦)>라는 작품을 남기고 있다.

70 장여헌(張旅軒): 여헌은 장현광(張顯光, 1554~1637)의 호이다.

71 내격(來格): '이르다', '도래하다'는 뜻으로 중국 땅에 있는 김주(金澍)의 혼백이 선산까지 와서 강림하기를 바라는 마음을 담아 붙인 사당의 이름이다. ≪서경(書經)·익직(益稷)≫에 "명구를 두드려 치고 거문고와 비파를 두드리고 치면서 노래 부르니 조상의 영혼이 내려온다.(戞擊鳴球, 搏拊琴瑟以詠, 祖考來格.)"라는 글귀에서 유래한 것으로 보인다.

72 수양산(首陽山): 지금 중국 감숙성(甘肅省) 위원현(渭源縣) 소재 산 이름. 고죽군(孤竹君)의 두 아들인 백이와 숙제가 주나라 무왕(武王)의 백성이 되는 것을 거부하고 은거하여 고사리를 캐어 먹고 살다가 굶어죽은 곳으로 널리 알려져 있다. 김주가 중국의 중부 지방인 형초(荊楚) 지역에서 살았던 점을 고려할 때 그가 묻힌 곳은 수양산이 아니겠지만, 여기서는 조선 땅으로 돌아오지 않은 그의 충절을 백이숙제에 비겨 수양산에 묻혔다고 한 것으로 보인다.

사당이 선생의 유허지로부터 몇 리 안 떨어진 곳에 있는데, 여기는 실로 선생이 지난날 노닐던 곳이요 지금 영령이 오르락내리락하는 땅이 되었으니 우연한 일이 아니다. 묘 앞에 강당 몇 칸을 세우고 청년 학도들이 학업을 닦는 곳으로 터 잡았다. 굽어보니 용연(龍淵)이 있고 앞에는 봉황 같은 산이 띠처럼 둘려져 있어 맑고 수려한 경치가 표연히 책상과 좌석으로 다가오니, 어찌 하늘이 만들고 땅이 갈무리하고 있다가 오늘을 기다린 것이 아니겠는가? 아득히 우리 고을 후생들이 늘 향기로운 풍도를 우러러 흠모한 지 오래되었다.

올봄에 분곡(汾谷)으로부터 월간(月澗)을 지나다가 사당을 배알하였는데, 계승(季昇)[73] 등 여러분들이 선생의 사적을 적도록 청하였다. 오호라! 수백 년 된 그윽한 빛과 높은 절개를 하루아침에 드러나게 하고, 게다가 사당 아래 수 묘(畝) 되는 서당을 지어 아침저녁으로 공부하다 쉬었다가 노닐다가 하는 학도들로 하여금 여기서 눈으로 살피고 마음으로 느끼도록 하였으니, 백성들에게 떳떳한 기풍과 세상 교화를 마음속에 심도록 함에 있어 어떠하겠는가! 하물며 사당 아래에서 제사를 받드는 이들이 모두 선생의 후예들이니 어진 사람의 은택이 백세토록 끊어지지 않도록 함에 있어서야? 이는 다 기록할 만한 것이니 그 일을 일으킨 본말을 간략하게 적어서 후세 사람들을 무궁토록 격앙케 하고자 한다.

숭정 임신년(1632) 가을에 후인 이준(李埈)[74]이 삼가 쓰다.

---

73 계승(季昇): 최현(崔晛)의 자(字). 최현에 대해서는 주석 45번 참조.

74 이준(李埈): 1560(명종15)~1635(인조13). 조선 중기의 문신이자 의병장으로 본관은 흥양(興陽), 자는 숙평(叔平), 호는 창석(蒼石)이며, 서애(西厓) 유성룡(柳成龍)을 사사하였다.

君臣之義，首乎三綱，本於天理，而根於人心．雖天命之去於國，而天理之在人心者，則如山川之流峙，未嘗泯滅．臣子之職，但欲盡其在己者，而信大義於天下後世而已．天命之去與不去，不暇論也．

麗氏之末，籠巖金先生諱澍，奉使上國竣事，而回到鴨綠江，聞麗社亡屋，寄書與家人訣，終不還東土一步地．其心烈烈，其氣凜凜，有足以埒烏山而配嵩岳．玆豈非所守之正、所處之安，所欲之有甚於生也？豐城之劍，雖蟄在泥中，而青虹之氣尚射於斗間，惟此孤忠鉅節，終未有湮沒之理．自是而有文人義士，相繼而揄揚，雖其事蹟不載於汗簡，而其風節已播於口碑，百歲之下，固足以竦動人矣．獨枌榆之鄕，無俎豆之所爲，鄕獻諸公竊歎．

崇禎庚午歲，趙侯纘韓知府事，疏然以終擧缺曲爲先務，乃據鄕人所申，建祠於月澗之上，請號於張旅軒，扁之以來格．蓋以先生之骨，雖已埋於首陽之山，其未死之靈，尚有以騎麒麟鳳凰，時往來于故鄕也．廟去公之遺址未數里，此實先生平日之所婆娑，而今爲英靈陟降之地，非偶然也．廟前立講堂數十，礎爲衿佩肄業之所．觀其俯臨龍淵，前帶鳳峀，清光秀色，颯然來几席上，豈非天作而地藏之，以有待於今日也？藐我鄕後生，常景行馨風者素矣．

今年春自汾谷過月澗謁廟，季昇諸公，屬余識其事．嗚呼！數百年幽光峻節，一朝而表著之；且建數畝儒宮於其下，使朝夕息遊之徒，得以觀感於斯，其所以植民彛風世敎者，爲如何！而況薦蘋祠下者，皆先生之苗裔，則仁者之澤，百歲不斬？玆皆可書也，而遂略識其起事顚末，欲激昂後人於無窮耳．崇禎壬申秋日，後人李埈謹書．

농암 선생 내격묘를 배알하고
謁籠巖先生來格廟

여헌(旅軒) 장현광(張顯光)[75]

후세 사람들이 흠모할 수 있는 선대의 현인들이 대개 얼마나 될까마는 남긴 발자취로 말미암아 공경을 다하지 않음이 없사옵니다. 선생 같으신 분은 이미 스스로 그 발자취를 단절하였으니, 후세 사람들이 무엇을 좇아 발자취를 찾으며 무엇을 표적으로 종적을 따르겠사옵니까? 이것이 바로 선생이 돌아가신 지 수백 년이 지나도록 아무도 흠모하고 숭상하는 일을 하지 못한 까닭이옵니다. 이제야 비로소 본 고을 사람들이 낙동강 가 월암(月巖) 위에 사당을 세우니, 여기는 곧 선생이 예전에 사시던 마을 부근이옵니다. 어찌 그 그윽한 빛을 밝혀 드러내고 남긴 풍도를 빛나게 하려는 이가 도모한 것이 아니겠사옵니까? 선생의 유복자 후손들 중에 명인이 많사온데, 모두 선생의 유지를 받들어 계승하는 것을 염두에 두고 있사옵니다. 비록 감히 기록하여 전하지는 못하더라도 지금 선비들 가운데 사당에서 제사를 올리는 사람들이 적지 않사오니, 이 또한 인(仁)을 얻은 남은 경사라 볼 수 있겠사옵니다.

---

75 장현광(張顯光): 1554(명종9)~1637(인조15). 조선 중기의 학자로 본관은 인동(仁同), 자는 덕회(德晦), 호는 여헌(旅軒), 시호는 문강(文康)이다. 일생을 정치에 뜻을 두지 않고 학문과 교육에 종사하여 ≪여헌집(旅軒集)≫, ≪성리설(性理說)≫, ≪역학도설(易學圖說)≫, ≪용사일기(龍蛇日記)≫ 등의 저서를 남겼다.

▲ 농암 선생 내격묘(≪월암서원지≫에서 전재)

▲ 농암 선생 묘지(≪월암서원지≫에서 전재)

명을 받들었으나 복명할 곳 없으니	奉命復無所
외로운 몸 어디로 가야 할꼬?	隻身當何適
본성 가운데 큰 길이 있으니	性中有大路

한 하늘 넓디넓도다!	一天恢恢域
이 이치 고금을 꿰뚫고 있으니	此理貫今古
정성이 있으면 영령이 강림할 터	有靈誠應格
유풍을 이어 현인이 계속 나오니	踵風賢繼作
누가 사람의 아름다운 덕 굽힐 수 있으리오?	孰誣人懿德

오호라! 큰 의리는 하늘의 법칙이고 땅의 법도이며, 큰 절개는 낮엔 해요 밤엔 달과 같사옵니다. 고국을 강 하나로 사이에 두고 평생토록 돌아오지 않으셨으니, 만약 수양산에 숨어 산 고죽국(孤竹國)의 백이숙제의 뜻을 추모하는 분이 아니었다면 이렇게 할 수 있었겠사옵니까? 사당의 뜰에 들어오는 사람은 저절로 늠연해지고 숙연해져서 필시 머리털이 서지 않을 수 없으니, 이는 무슨 마음이겠사옵니까? 바로 떳떳한 도를 마음속으로 지키는 타고난 천성 때문이옵니다. 그러한즉 이 사당이 어찌 천하의 큰 관문이 되지 않겠사옵니까? 당시에 전하는 말은 뜻을 다할 수 없으므로 이에 감히 거듭하는 것이옵니다. 오호라! 또한 어떻게 다할 수 있겠사옵니까?

後人之興慕先正者凡幾何，而莫不因其蹤跡所遺而致虔焉．若先生，則既自斷絶其蹤跡焉，後之人何從而蹤之、何的而跡之？此所以後先生數百載，而莫之有慕尙之擧也．今者本府人始建祠宇於洛江之濱、月巖之上．此乃先生舊閭近地也．豈非闡幽光發餘風者，其有數哉？先生之遺腹支裔多名人，皆以奉承先生之志爲心．雖不敢有記傳，今在士類中，執籩豆於祠下者，爲不少矣．亦可見得仁之餘慶也．

奉命復無所，隻身當何適？性中有大路，一天恢恢域．此理貫今古，有靈誠應格，踵風賢繼作，孰誣人懿德．

嗚呼! 爲義之大, 則天之經、地之緯也; 爲節之大, 則日於晝、月於夜, 隔故國一江, 而沒一生於不返, 則若非追孤竹首陽之志者能之哉? 人入祠庭者, 自不得不凜然肅然, 毛髮必豎, 此何心也? 乃秉彝之天也. 然則此廟其不爲天下之大關耶? 時傳之言, 莫得以盡意, 玆敢申之. 嗚呼! 亦何得以盡之哉?

농암 선생 내격묘를 배알하고
謁籠巖先生來格廟

부사 조찬한(趙纘韓)

외로운 충절 한 번 가서 스스로 사라짐 감수했으니 一去孤忠甘自泯
애처로운 절개 몹시 연모함은 하늘과 땅뿐 痛憐娉節只乾坤
강산은 만고에 말없이 늙어가고 江山萬古無言老
사당은 천추에 운수 있어 존재한다 祠宇千秋有數存
선비들 해와 별처럼 밝은 곳에 늘어서 있는데 士列日星明曒處
혼령이 제사상에 강림하니 아름다운 문이 정숙하다 魂來籩豆靜嘉門
은근히 다시 나타난 영혼의 밝은 뜻을 慇懃再顯靈虹意
다투어 보나니 어찌 후손들만 감동시키겠는가? 爭覩奚惟感後昆

또
又

부사 조찬한

월암 사당이 맑은 거울같이 산뜻하고 영롱하여	月巖淸鏡淨朦朧
뼈 속까지 상쾌하니 조화의 신공이 놀랍다	爽骨偏驚造化工
몸이 불 땐 음식으로부터 떠난 것이 아닌데도	不是身離烟火食
영혼은 도리어 수정궁[76]으로 들어간 것 같다	却疑魂入水晶宮
흰 모래와 푸른 강이 치장한 그림처럼 둘러 있고	沙明江綠糚圖迥
구름 그림자와 산 빛이 빈 거울에 떨어진 듯하다	雲影山光落鏡空
다만 선생의 영혼이 편한 곳이 되도록	只爲先生靈所妥
황송하게 높이 앉아 밝은 무지개를 본다	竦然危坐看晴虹

76 수정궁: 수정궁(水晶宮)은 용왕이 산다는 바다 속 궁전을 가리킨다.

농암 선생 내격묘를 배알하고
謁籠巖先生來格廟

창석(蒼石) 이준(李埈)

1.

곡식은 은나라 것임을 슬퍼하고 禾黍悲殷社
의관은 한나라로 변하였다 衣冠變漢庭
사는 것이 구차함 이미 알아서 已知生苟且
오직 분명하게 죽고자 하였다 惟欲死分明
서찰 하나로 처자식과 하직하였으니 一札辭妻子
삼강은 해와 별같이 높이 걸렸다 三綱揭日星
백이가 전해준 것 남아 있으니 伯夷遺傳在
높은 이름과 꼭 부합한다 端合附高名

2.

명나라 조정도 다시는 한나라 의관이 아니거늘 明庭非復漢衣冠
옛 땅으로 돌아오면 면목이 어찌 편안하겠는가? 面目何安舊土還
단지 왕씨의 왕실을 위하여 마음 다하기를 바랄 뿐 但願盡心王氏室
수양산에 뼈 묻는 것 사양하지 않았다 不辭埋骨首陽山

국역 삼인록(三仁錄)

산상의 새겨진 선비

丹溪河先生實紀

단계하 선생 실기

서강중 형제[77]가 부모를 영화롭게 하기 위해 대구로 돌아가는 것을 전송하여
送徐剛中兄弟榮親歸大邱

한 집안에 문과 무로 그 이름 향기로워　一家文武姓名香
형은 집금오(執金吾)[78]요 아우는 옥당(玉堂)[79]이라　兄執金吾弟玉堂
북당의 노모는 효성스런 봉양 받을 것이고　鶴髮北堂膺孝養
금의환향에 남쪽 고을에는 이미 광채가 났을 터　錦衣南國已輝光
할미새 나는 언덕[80]에 앞뒤로 늘어서 가니 그대 부럽고

---

77 서강중 형제: 서거정(徐居正, 1420~1488) 형제를 가리킨다. 강중(剛中)은 서거정의 자(字)이다. 서거정은 조선 전기의 문신·학자로 본관은 대구(大丘), 자는 강중·자원(子元), 호는 사가정(四佳亭)·정정정(亭亭亭), 시호는 문충(文忠)이다. 글재주가 뛰어나 ≪사가집(四佳集)≫ 등 시문집을 비롯하여 ≪동문선(東文選)≫과 ≪동인시화(東人詩話)≫ 등의 문학서 외에 ≪동국통감(東國通鑑)≫과 ≪삼국사절요(三國史節要)≫와 같은 비중 있는 역사서도 저술하였다

78 집금오(執金吾): 사헌부(司憲府) 또는 의금부(義禁府)를 가리킨다. 서거정은 사헌부 대사헌(大司憲)을 역임하였다.

79 옥당(玉堂): 홍문관(弘文館)의 별칭이다. 서거정의 동생에 대해서는 미상이다.

80 할미새 나는 언덕: 원시의 "영원(翎原)"은 "영원(鴒原)"과 같은데 할미새가 날아다니는 언덕으로 형제간에 우애가 좋은 것을 비유한다. ≪시경(詩經)·소아(小雅)·상체(常棣)≫에 "할미새가 언덕에 있는데 형제가 위급하고 어려우니, 늘 좋은 친구 있어도 길게 탄식만 할 뿐이다.(脊令在原, 兄弟急難, 每有良朋, 況也永歎.)"라는 시구에서 유래한 표현이다. "척령(脊令)"은 "척령(鶺鴒)"으로도 쓰는데 물새의 일종이라고 하지만 우리나라

鴒原先後君堪羨

박태기나무[81] 들쭉날쭉하니 나 홀로 가슴 아프다

荊樹參差我獨傷

월파정(月波亭)[82] 아래로 난 길 돌아다보니 回首月波亭下路

온 산 가득 소나무와 편백나무 울울창창하다 滿山松柏鬱蒼蒼

에서는 통상 할미새로 번역한다. 할미새는 머리와 꼬리가 상응하므로 형제가 서로 돕는 것을 비유한다. 서거정은 형 서거광(徐居光)이 일찍 죽은 것을 항상 애통해 하면서 조카 서팽소(徐彭召)와 서팽려(徐彭呂)를 친자식처럼 가르치며 길렀다고 전해진다. 이 구절은 서거정의 형제가 부모님을 뵈러 사이좋게 고향으로 가는 모습이 부럽다는 것이다.

81 박태기나무: '자형(紫荊)'이라는 박태기나무는 사람들의 정원에 뿌리를 깊이 내리고 자라기 때문에 가정이 화목하고 형제간에 우애가 깊은 것을 상징하는 나무인데, 뒤에는 형제가 흩어졌다가 다시 합치는 것을 가리켰다. 중국 남조(南朝) 양(梁)나라의 오균(吳均)이 편찬한 ≪속제해기(續齊諧記)≫에 이 나무와 관련한 고사가 실려 있다. 즉, 경조윤(京兆尹) 전진(田眞)과 전경(田慶)·전광(田廣) 삼형제가 분가하면서 다른 재산은 모두 3등분하고 난 뒤 저녁 무렵 뜰에 있는 박태기나무도 3단으로 나누어 갖기로 합의하였는데, 다음날 아침에 나뭇가지가 모두 말라버리고 꽃도 다 시들어버린 것을 발견하고 전진이 두 동생에게 "사람이 나무만도 못하다.(人不如木也.)"라고 흐느끼며 말하자 삼형제가 다시 합쳐 함께 화목하게 살았다고 한다. 이 구절은 서거정의 형제에 비해 작자 자신의 형제들은 뿔뿔이 흩어져 살고 있기 때문에 가슴 아프다는 것이다.

82 월파정(月波亭): 하위지의 고향인 선산 곧 지금 경북 구미시에 있는 정자로 다산(茶山) 정약용(丁若鏞, 1762~1836)이 1787년 여름에 이곳에서 벗들과 밤놀이를 하고 그 흥취를 기록한 <월파정야유기(月波亭夜遊記)>를 남긴 것으로 알려져 있다.

직제학 최덕지[83] 선생이 호남의 고향으로 돌아가는 것을 송별하여
送直提學崔先生德之歸湖南故山

장부의 거취는 예로부터 어렵다지만 丈夫出處古來難
선생이 일찍 벼슬에서 물러남을 기꺼이 보았다 喜覩先生早掛冠
소광과 소수[84]가 사직을 청한 건 족함을 아는 것 疏傳乞骸知止足
백낙천[85]이 늙어 물러난 건 청한함을 좋아한 때문 樂天辭老愛淸閒
물고기와 새[86]는 십 년 만에 봐도 예전처럼 친하고 十年魚鳥親如舊
아이들은 뜰 안의 세 갈래 길[87]에서 반갑게 문후한다 三逕兒童候已歡

---

83 최덕지: 1384(우왕10)~1455(세조1). 최덕지(崔德之)는 조선 전기의 문신·학자로 본관은 전주(全州), 자는 가구(可久), 호는 연촌(烟村)·존양(存養)이다. 문종(文宗) 원년(1451)에 예문관직제학(藝文館直提學)에 임명되었지만 이듬해 겨울에 늙음을 이유로 사직하고 귀향하여 시국 변고의 기미를 예견하였다는 평판을 들었다.

84 소광과 소수: 소광(疏廣)과 소수(疏受)는 중국 한(漢)나라 선제(宣帝) 때의 학자로 숙질간이며 족함을 알아 관직에서 용퇴하고 귀향하여 살았던 인물이다.

85 백낙천: 낙천(樂天)은 당나라 시인 백거이(白居易, 772~846)의 자. 백낙천은 40여 년간 벼슬길에서 황제에게 직언을 자주 하여 권신들의 반감을 많이 사기도 하였으며 지방관을 자청하기도 하였다. 노년에 관직에서 물러나 향산사(香山寺)로 가서 호를 '향산거사'라 하고 승려들과 함께 한적(閒寂)한 기풍의 시를 지으며 청빈한 생활을 하였다.

86 물고기와 새: 은둔하며 사는 경물을 가리킨다. ≪장자(莊子)·대종사(大宗師)≫편에 "또 자네는 꿈에 새가 되어 하늘에 이르기도 하고, 꿈에 물고기가 되어 연못 속으로 가라앉기도 하겠지.(且汝夢爲鳥而厲乎天, 夢爲魚而沒於淵.)"라고 한 데서 유래한 표현이다.

87 세 갈래 길: 초야에 은둔해 사는 사람의 뜰 안에 있는 좁은 길을 뜻한다. 동진(東晉) 때 도연명(陶淵明)의 <귀거래사(歸去來辭)>에 "종들은 반갑게 맞이하고 어린아이들 대문에서 기다린다. 뜰 안의 좁은 길 황폐하지만 소나무와 국화는 아직도 있다.(僮僕歡迎, 稚子候門. 三徑就荒, 松菊猶存.)"라는 글귀가 있다. "삼경(三逕)"과 "삼경(三徑)"은 같다.

이제야 초야에서 만나도 부끄럽지 않을 터인데　從此不慚林下見
지금 청고한 명성이 조정에 가득함에야!　況今淸譽滿朝端

노생원[88]에게
贈盧生員

성 서쪽 한 모퉁이 노씨 댁은　一片城西盧氏宅
누대 안에서 바라보는 풍경 별천지로다　臺中風景別藏天
동창 밖 푸른 소나무에는 흰 눈 날리는데　靑松白雪東囱外
북쪽 장안을 바라본 지 몇 해인가 묻는다　北望長安問幾年

88 노생원: 조선 전기의 무신인 노종선(盧從善)으로 추정된다. 그는 본관이 안강(安康)이며 함경도 이원현감(利原縣監)을 지내 이성(利城) 또는 이성백(利城伯)으로 불린다. 김종직(金宗直)의 문하생이며. 만년에는 벼슬을 버리고 고향으로 내려와 금오산 아래에 은거하며 길재(吉再)와 김주(金澍)의 충절을 기리면서 학문과 후진 양성에 전념하였다.

송별 2수
送別二首

1.

주변 일대 돌무더기에 석양빛이 밝게 비치는데	磊石八邊夕照明
부자가 헤어질 적에 석별의 정을 이야기한다	父子臨分話別情
남긴 시 한 수는 차마 읽지 못하겠지마는	一首遺詩不忍讀
잘 보관해 두었다가 후손에게 보이면 내 성심 알게 될 터	糀來示後見吾誠

2.

장막속의 빈객[89]으로 선발된 이 당대의 준재	幕中賓選一時良
예로부터 조정에선 북방을 중시하였다	從古朝家重朔方
십분 노력해서 기묘한 계책 운용하여	努力十分運奇策
우리 임금에게 동쪽 염려 하게 하지 말지라[90]	莫令東顧遺吾王

---

89 장막 속의 빈객: 원시의 "막중빈(幕中賓)"은 '입막지빈(入幕之賓)'이라는 성어로 쓰이기도 하는데, '아주 사이가 밀접한 사람' 또는 '기밀을 함께 논의하는 사람'을 뜻한다. ≪진서(晉書)·치초전(郗超傳)≫에 "사안(謝安)과 왕탄지(王坦之)가 일찍이 환온(桓温)에게 가서 일을 논하였는데, 환온이 치초로 하여금 장막 안에 누워서 듣도록 하였다. 바람이 불어 장막이 열리자 사안이 웃으면서 '치초는 장막 속으로 들어온 빈객이라고 할 수 있겠다.'라고 하였다.(謝安與王坦之嘗詣温論事, 温令超帳中卧聽之. 風動帳開, 安笑日: '郗生可謂入幕之賓矣.')"라는 내용에서 유래한 것이다.

90 이 구절은 작자가 송별하는 사람에게 우리 임금이 외족의 침입을 염려하지 말도록 북방을 잘 지키라는 주문을 한 뜻으로 보인다. 원시의 "동고(東顧)"는 후한(後漢) 말 완우(阮瑀, 165?~212)가 조조(曹操)를 대신해 손권(孫權)에게 보낸 편지글인 <위조공작서

급사중 사마 선생이 사신 임무를 마치고 귀환함을 봉송하며
奉送給事中司馬先生使還[91]

속수(涑水)[92]의 근원이 길이길이 전해져　　涑水淵源永世傳
물결 세차게 흘러 대대로 현인을 낳았다　　流波袞袞代生賢
어전에서 독대하여 거침없이 글재주 휘날리며　　殿中獨對縱橫字
위로는 지척에서 천자를 몸소 우러러 뵈었다　　頭上親瞻咫尺天
나라에 몸 바쳐 충성하고 깨끗한 절개 지녔으며　　許國忠誠持素節
집안에서 대대로 전하는 예법으로 푸른 모전[93] 지켰다　　傳家禮法守青氈
지금 서로 만나자마자 이별하게 되니　　如今相遇還相別
우두커니 가시는 길 자욱한 흙먼지 돌아볼 뿐　　回首行塵一惘然

여손권(爲曹公作書與孫權)>에 나오는 표현으로 한(漢)나라 말에 손권이 장강 동쪽 지방을 점거하고 조정에 대항하려고 했을 때 그렇게 하여 한나라 황제가 동쪽 지방을 걱정하도록 하지 말 것을 종용하는 취지를 담고 있다.

91 이 시는 1450년(세종32) 윤1월 1일 명나라에서 대종(代宗)의 즉위를 알리고자 조선에 사절단을 파견하였을 때, 형과(刑科) 급사중(給事中) 사마순(司馬恂)이 부사(副使)로 왔다가 본국으로 돌아가는 것을 송별하면서 써준 작품이다.

92 속수(涑水): 산서성(山西省) 강현(絳縣)에서 발원하여 하현(夏縣)을 거쳐 황하로 흘러들어가는 강인데, 하현은 바로 송(宋)나라 때의 사마광(司馬光)이 살았던 곳이다. 부사 사마순이 사마광의 후예로 훌륭한 인물임을 나타낸다.

93 푸른 모전: 원시의 "청전(青氈)"은 '집안의 오래된 물건'으로 '청빈함' 또는 '청빈한 생활'을 비유한다. ≪진서(晉書)·왕희지열전(王羲之列傳)≫에 왕희지의 아들 왕헌지(王獻之)가 밤에 재실에서 자고 있을 때 도둑이 들어 집안 재물을 다 훔쳐가려고 하였는데, 그가 천천히 "도둑들아, 푸른 모전은 우리 집안의 오래된 물건이니 그것만은 놓아두고 가게.(偷兒, 青氈我家舊物, 可特置之.)"라고 하자 많은 도둑들이 놀라 달아났다고 한 고사에서 유래한 것이다.

시강 예 선생이 사신 임무를 마치고 귀환함을 봉송하며
奉送侍講倪先生使還[94]

육룡이 모는 수레 태양을 떠받치니 六龍駕馭扶日轂
대명이 혁혁하여 창공에 아름답다[95] 大明赫赫麗蒼穹
명당[96]에 들어앉아 따스한 정치 펼치는데 坐開明堂布陽春
붉은 조서[97]가 밤새 봉래궁[98]에 내려왔다 丹詔夜下蓬萊宮
옥당[99]의 학사가 별 수레[100] 타고 玉堂學士駕星軺
까마득히 동쪽 하늘 가리키며 왔다 遙遙來指天之東

---

94 이 시는 1450년(세종32) 윤1월 1일 명나라에서 대종(代宗)의 즉위를 알리고자 조선에 사절단을 파견하였을 때, 한림원(翰林院) 시강(侍講) 예겸(倪謙, 1415~1479)이 정사(正使)로 왔다가 본국으로 돌아가는 것을 송별하면서 써준 작품이다. 시강(侍講)은 명나라 때 종5품의 관직으로 황제의 조칙 등 정부 문서를 관장하였다. 예겸은 자가 극양(克讓), 호가 정존(靜存)이며 조선에 사신으로 다녀간 뒤 ≪조선기사(朝鮮紀事)≫라는 저술을 남겼으며, 그의 아들 예악(倪岳)이 ≪요해편(遼海編)≫이라는 시문집을 출간하였다.

95 이 두 구절은 명나라가 천하를 통어하여 밝게 잘 다스린다는 뜻을 나타낸다. 육룡(六龍)은 건괘의 여섯 효를 가리킨다. ≪주역·건괘(乾卦)·단사(彖辭)≫에 “크게 밝아서 육효의 위치가 제때에 이루어지니 때때로 여섯 용을 타고서 하늘을 올라간다.(大明終始, 六位時成, 時乘六龍以御天.)”라는 글귀가 있다. 건의 덕이 여섯 효(爻)의 양기를 부려 하늘을 다스린다는 뜻이다. 여기서 대명은 위대한 명나라를 가리킨다.

96 명당: 명당(明堂)은 고대 제왕이 세운 가장 웅장한 건축물로 조회와 정령의 반포, 천지신명과 조상에 대한 제사 등을 행하던 곳이었다. 조정을 뜻한다.

97 붉은 조서: 예겸을 조선에 보내는 사절단의 정사로 임명한다는 황제의 조서를 가리킨다. 붉은 색 붓으로 썼기 때문에 ‘붉은 조서(丹詔)’라고 하였다.

98 봉래궁: 본래 당(唐)나라의 정전인 대명궁(大明宮)의 다른 이름인데, 이 황궁 안에 한림원이 있었다. 당나라 때의 명칭을 답습하여 예스러운 느낌을 나타내었다.

99 옥당: 한림원을 가리킨다.

100 별 수레: 사신이 타는 수레를 가리킨다.

학야[101]에 눈 날리니 담비가죽 옷 입고　　鶴野飛雪襲貂裘
압록강의 잔잔한 물결 목란주[102]로 횡단했다　　鴨綠波細橫蘭舟
계림과 곡령[103]이 비스듬히 시야에 들어오고　　鷄林鵠嶺入睥睨
삼산[104]은 금자라 머리 위로 출몰하였다　　三山出沒金鰲頭
말 힘차게 달려 험난한 곳 지나고　　馳驅叱馭經嶮艱
장사들의 활과 화살[105] 어둠속에서 찾았다　　壯士弧矢仍冥搜

무지개 깃발[106]에 깃털 덮개 하고 앞길을 경계하고
霓旌羽盖戒前程
비단 도포와 옥 부절[107] 서로 빛을 발했다　　錦袍玉節相輝明
삼한이 함께 영주(瀛洲) 신선 알고 있으니　　三韓共職[108]瀛洲仙

---

101 학야: 중국 요녕성(遼寧省) 요양시(遼陽市) 당마채진(唐馬寨鎭) 일대이다. 땅이 비옥하고 희귀종 새들이 많이 서식하여 '학야(鶴野)'란 이름이 붙었는데, 당태종(唐太宗)이 요동 정벌에 나섰을 때 이곳에 막사를 세운 연고로 '당왕채(唐王寨)'로 불렸다가 뒤에 '당마채'로 바뀌었다고 한다. 조선으로 오던 사절단이 지나온 행로를 가리킨다.

102 목란주: 목란(木蘭)으로 만든 배로 배를 고상하게 부른 말이다.

103 계림과 곡령: 우리나라를 가리킨다. 이는 최치원(崔致遠, 857~?)이 고려 태조에게 보낸 글에서 한 말로 전해지는 '곡령의 푸른 소나무(鵠嶺靑松)'와 '계림의 누런 나뭇잎(鷄林黃葉)'에서 유래한 표현이다. 곡령은 개성(開城)의 진산(鎭山)인 송악(松岳)의 다른 이름으로 고려를, 계림은 경주(慶州)의 옛 이름으로 신라를 가리키는데, 고려는 푸른 솔처럼 번창하고 신라는 누런 낙엽같이 시들어 망할 것임을 비유한 말이다.

104 삼산: 발해(渤海) 동쪽의 바다 가운데 있었다는 전설상의 산인 방장(方丈)·영주(瀛洲)·봉래(蓬萊)인데, 신선이 살았다고 해서 '삼신산(三神山)'으로도 불린다.

105 활과 화살: ≪주역·계사전하(繫辭傳下)≫에 "나무를 구부려 활집을 만들고 나무를 깎아 화살을 만들어 활과 화살의 날카로움으로 천하에 위세를 떨쳤다.(弦木爲弧, 剡木为矢, 弧矢之利, 以威天下.)"라는 글귀가 있다. 장한 대장부의 뜻과 기개를 가리킨다.

106 무지개 깃발: 오색 깃털로 엮어 만든 깃발로 옛날 제왕의 의장용으로 쓰여 제왕을 가리키는데, 여기서는 황제의 임무를 수행하는 사신임을 상징한다.

107 옥 부절: 사신이 휴대한 신표(信標)를 뜻한다.

108 職: ≪단계선생유고(丹溪先生遺稿)≫에 "식(識)"으로 되어 있는데 타당하다고 생각되어 번역문에 이를 반영하여 옮겼다.

상서로운 기린과 큰 별[109]을 즐겁게 보았다	快觀祥麟與景星
지초 궤짝 받들고 와 조서 펼쳐 전하고	手擎芝匭來宣傳
의례에 따라 주선함에 허물이 없다	周旋禮儀還無愆
조용히 사신 업무 수행할 때 의기 떨쳐지고	從容專對意氣振
여력으로 쓴 시는 모두 입신의 경지	文章餘事俱入神
무지개를 토하는 듯 거침없는 담소	談笑縱橫吐霓虹
별들을 벌여놓은 듯 거리낌 없는 흉금	胸襟磊落羅星辰
기특한 광채는 만 길인 양 길었고	奇哉光焰萬丈長
아름다운 시구 읊으니 사람을 놀라게 했다	藻句出口頻驚人
풍월은 비단주머니[110]로 들여놓고	牢籠風月入錦囊
넓디넓은 천지를 두루 돌아다녔다	汗漫天地聊周章
작은 나라 비좁고 누추하여 오래 머물기 어려워	小邦僻陋難久留
총총히 수레 돌려 돌아가신다	忩忩駕言回征輈
봄바람은 태액지[111]로 불어오고	春風吹入太液池
상서로운 구름은 높이 단봉루[112]를 감쌌다	靄雲高擁丹鳳樓

---

109 상서로운 기린과 큰 별: 둘 다 태평성대에 나타나는 것으로 태평한 세상을 비유한다.

110 비단주머니: 원시의 "금낭(錦囊)"을 옮긴 것으로 '시를 담아 둔 주머니'를 뜻한다. ≪신당서(新唐書)·이하전(李賀傳)≫에 당나라 시인 이하(李賀, 790?~817?)가 종에게 등에 비단주머니를 지고 따라오게 한 뒤, 말을 타고 가다가 좋은 시구가 떠오를 때마다 써서 그 속에 담아두었다는 고사가 적혀 있다. 이 구절은 예 선생이 자연 경물을 모두 시 속에 담아 표현해내는 재주를 지녔음을 찬미한 것이다.

111 태액지: 한무제(漢武帝) 때 궁궐 안에 판 것으로 당나라 현종(玄宗)이 양귀비(楊貴妃)와 함께 지내던 장안의 대명궁(大明宮) 안에 있던 연못이기도 하지만, 여기서는 명(明)나라의 황궁을 가리킨다.

112 단봉루: 중국 당나라 궁궐인 함원전(含元殿)에 있었던 누각으로 명나라의 황궁을 가

그대 돌아가 총애 받아 〈녹명〉[113]시 노래할 제　君歸承寵歌鹿鳴
꽃 흐드러진 상원[114]에서 꾀꼬리 울음 들으리다　上園爛漫聞啼鶯
그대는 바다위의 반도나무[115] 보게 될 터　君看海上蟠桃樹
이슬 안고 천년에 한번 익는 열매　千年一實抱[116]霜露
황금 소반에 따 담아 황제에게 바치면　摘向金盤獻至尊
무위(無爲)의 덕화[117] 만세토록 동방에 미치리다　萬世垂拱臨東藩

나에게 부상[118]에서 난 좋은 비단 있어　我有大繭出扶桑
오색이 찬란하여 문채를 이루었다　五彩燦爛成文章
보불 수놓인 순임금의 옷[119]을 그대에게 주노니　贈君黼黻舜衣裳

리킨다. 조선시대에 경복궁(景福宮) 강녕전(康寧殿) 서북쪽에 있던 전각의 이름도 함원전이다.

113 녹명: <녹명(鹿鳴)>은 ≪시경·소아(小雅)≫의 첫 번째 시로 본래 주(周)나라 왕이 신하와 빈객들에게 잔치를 베풀 때 불렀던 노래이다.

114 상원: 상원(上園)은 궁궐 동산으로 한무제(漢武帝) 때 건립한 상림원(上林園)을 줄여서 표현한 것이다.

115 반도나무: 후한(後漢) 왕충(王充, 27~97?)의 ≪논형(論衡)·정귀(訂鬼)≫에 ≪산해경(山海經)≫을 인용하여 "창해 가운데 도삭산이 있고, 그 산 위에 큰 복숭아나무가 있는데 구불구불 3천리에 감겨져 있다.(滄海之中, 有度朔之山, 上有大桃木, 其蟠屈三千里.)"라고 한 글귀가 있다. 전설에 따르면, 서왕모(西王母)의 도원(桃園)에 3,600그루의 반도(蟠桃)가 있어 앞의 1,200그루는 3천년에 한번 익는데 사람이 먹으면 신선이 되고 도를 터득하였으며, 중간의 1,200그루는 6,000년에 한번 익는데 사람이 먹으면 구름에 휩싸여 날아올라가고 불로장생하였으며, 뒤의 1,200그루는 9천년에 한번 익는데 사람이 먹으면 천지일월과 함께 산다고 한다.

116 抱: ≪단계선생유고≫에는 "포(飽)"로 되어 "이슬을 실컷 먹고 자랐다."라는 뜻이 되지만, 여기서는 원문대로 옮겼다.

117 무위(無爲)의 덕화: ≪서경·무성(武成)≫에 "믿음을 돈독히 하고 의를 밝히며, 덕을 높이고 공에 보답하니 옷을 늘어뜨리고 팔짱을 끼고 있어도 천하가 잘 다스려졌다.(惇信明義, 崇德報功, 垂拱而天下治.)"라는 데서 유래한 표현으로 제왕이 아무 일도 하지 않는 것 같은데도 나라가 잘 다스려지는 것을 말한다.

118 부상: 부상(扶桑)은 전설에서 동쪽의 해가 뜨는 곳에 있다고 하는 나무이다.

119 보불 수놓인 순임금의 옷: ≪서경·익직(益稷)≫에 순임금이 "신하는 내 다리요 팔이요 귀요 눈이니……내가 옛사람의 모습을 보고 해와 달과 별과 산과 용과 꿩을 무늬로

반드시 온 천하에 밝은 빛 비치게 하소서　　要令四海昭回光

지등[120] 연구

紙燈聯句[121]

달처럼 둥글게 만들어　　做得氷輪樣

온 방에 빛을 간직한다 / 천장　　藏爲一室光 / 天章

위 형체는 하늘처럼 둥글고　　上體如天轉

만들고, 종묘의 술그릇과 물풀과 불과 흰쌀과 보무늬와 불무늬를 수놓아서 다섯 가지 채색을 다섯 가지 빛깔로 물들여 옷을 만들고자 하거든, 그대는 그것을 분명하게 만들라.(臣作朕股肱耳目,……予欲觀古人之象, 日月星辰山龍華蟲作會; 宗彝藻火粉米黼黻絺繡, 以五采彰施于五色作服. 汝明.)"라고 한 데서 나온 말이다. 특히 "보불(黼黻)"은 임금이 예복으로 입던 하의(下衣)인 곤상(袞裳) 자락에 놓은 도끼와 아(亞) 모양의 문양을 가리킨다. 여기서는 "부상(扶桑)"으로 표현된 우리 동방에서 나는 비단으로 화려하게 수놓은 옷을 만들어 중국 사신에게 줄 터이니 천자를 잘 보필하여 천하를 태평하게 해달라는 염원을 담은 것으로 보인다.

120 지등: 지등(紙燈)은 겉을 종이로 발라 만든 등을 말한다.

121 원서의 제목 아래에 "<삼각산 연구>, <높은 산의 방석 연구>, <피리소리를 듣고 연구>는 ≪성선생유고≫에 보인다.(三角山聯句, 高山放石聯句, 聞笛聯句, 見成先生遺稿.)"라는 주석이 달려 있다. 연구(聯句)는 중국 고대의 시 양식의 하나로, 두 사람 또는 몇 사람이 구를 이어가며 작품을 완성하는 방식이다. 연구의 기원에는 여러 설이 있으나 보통 한 무제(漢武帝) 때의 <백량대시(柏梁臺詩)>를 효시로 본다. 이 연구 시는 천장(天章) 하위지(河緯地, 1412~1456), 인수(仁叟) 박팽년(朴彭年, 1417~1456), 백고(伯高) 이석형(李石亨, 1415~1477), 범옹(泛翁) 신숙주(申叔舟, 1417~1475) 네 사람이 번갈아가면서 지은 것이다.

아래 모양은 땅을 본떠 네모지다 / 인수　下形象地方 / 仁叟

바탕은 가벼운 닥나무를 재질로 하고　成質資輕楮
빛을 드날릴 땐 햇빛을 피한다 / 백고　揚輝避太陽 / 伯高

알이 붉은 교룡의 굴에서 솟아난 듯　卵迸赬虯穴
차가움이 흰 비단에 엉긴 서리인 듯 / 범옹　寒凝素練霜 / 泛翁

표면은 온통 깨끗한 모습 띠고　面帶十分潔
심지는 한 점 불꽃 머금는다 / 천장　心含一點芒 / 天章

바람 분들 어찌 꺼질까 근심하랴　風射寧憂滅
밤에도 밝으니 한밤중인줄 모른다 / 인수　夜明不覺央 / 仁叟

겨울날엔 어찌 눈빛이 필요할 것이며　冬日何須雪
가을밤엔 반딧불주머니 쓸데없다[122]　秋宵不費囊
연봉오리가 새로 아름답게 높이 솟아 있는 듯　菡萏擎新艷
아리따운 여인이 저문 연못에 기대어 있는 듯 / 범옹
輕盈倚晚塘 / 泛翁

---

122 이 두 시구는 집안이 가난하여 등불을 켤 기름을 살 수가 없자 반딧불과 눈빛에 비추어 책을 읽으며 열심히 공부한 '형설지공(螢雪之功)'에서 유래한 것이다. 즉, 중국 진(晉)나라 때 손강(孫康)은 겨울날 눈에 반사되는 달빛을 의지해 책을 읽었고, 차윤(車胤)은 엷은 명주 주머니를 벌레 통처럼 만들어 그 속에 반디를 수십 마리 넣어 거기서 나오는 빛으로 책을 읽었다고 한다.

눈 속에서도 신기한 불꽃 밝히고	雪裏明神焰
밤이 깊어지자 낮은 담장에 비친다 / 인수	更深照短墻 / 仁叟
순수한 옥 같아 흠집이란 원래 없고	粹玉元無快[123]
질붉은 빛엔 향기만 빠졌더라 / 천장	爛紅只欠香 / 天章
엷게 뚫린 구멍에도 밖으로 기세등등하고	薄穿嗔外面
희고 밝은 빛은 속심지에서 나온다 / 인수	明白取中腸 / 仁叟
밤에 요긴하게 쓰인다고 자랑 마소	莫誇宵切用
새벽이면 으레 거두어 감추어질 터 / 백고	應見曉歸藏 / 伯高
연등불은 밝은 빛을 거두고	蓮炬收煒燁
은촉불은 반짝임을 피한다 / 범옹	銀燭避熒煌 / 泛翁
꽃 같은 심지는 농염한 자태 본뜨고	芳心樣濃艷
흰 바탕은 새 단장을 비웃는다 / 천장	皓質笑新粧 / 天章
요염한 여인이 얼굴에 술기운을 띤 듯	妖姬顏帶酒
죽음을 각오한 용사가 눈을 부릅뜬 듯	死士目回瞠
빛을 훔쳤으니 달 보기가 부끄럽고	偸光慚見月

123 快: ≪단계선생유고≫에 "결(缺)"로 되어 있는데, 타당하다고 생각되어 번역문에 이를 반영하여 옮겼다.

종이를 발랐으나 가리지 않은 듯하다 / 백고　　粘紙認無障 / 伯高

초롱이 가볍기는 월나라 비단[124]인양 경쾌하고　　籠輕越羅快

바람이 급할 땐 제나라 소[125]가 미쳐 날뛰는 듯 / 범옹

風急齊牛狂 / 泛翁

한 점 밝은 별을 매달아 놓은 듯　　一點明星倒

아주 맑은 거울을 걸어 놓은 듯 / 인수　　十分淸鏡張 / 仁叟

글 읽는 자리엔 유생과 승려 동반하고　　講榻伴儒釋

먼지 쌓인 서책에선 제왕들을 비춘다 / 천장　　塵編照帝王 / 天章

한유의 등잔대[126]처럼 짧지 않고　　非是韓檠短

되레 두보의 광염[127]처럼 길다 / 인수　　還如杜焰長 / 仁叟

---

124 월나라 비단: 중국 월(越)나라 땅에서 나는 비단으로 가볍고 정교하여 질이 좋은 것으로 알려져 있다.

125 제나라 소: ≪사기·전단열전(田單列傳)≫에 따르면, 전국(戰國)시대에 연(燕)나라가 제(齊)나라를 침공하여 즉묵(卽墨)과 거(莒)라는 두 개 성만 남기고 다 점령하였을 때, 즉묵성을 지키던 제나라 장수 전단(田單)이 성안에 있던 소 천여 필에 용무늬가 그려진 오색 비단 옷을 입히고 꼬리에 기름칠한 갈대를 달아서 거기에 불을 붙여 밤중에 성문 밖으로 내몰고 5천 군사를 뒤따르게 하였다. 꼬리가 뜨거워진 소들이 연나라 군대가 있는 곳으로 달려 들어가 좌충우돌하자 연나라 군대가 어두운 밤에 놀라 당황할 때, 뒤따르던 군사들이 이 틈을 타서 연나라 군대를 공격하여 대승을 거둔 일이 있었다. 바람이 세차게 불어 등이 마구 흔들리는 모습을 그때 제나라 소들이 앞으로 미친 듯이 달려 나가는 형세에 비유한 것이다.

126 한유의 등잔대: 당나라의 대문호인 한유(韓愈, 768~824)가 지은 <짧은 등잔대의 노래(短燈檠歌)>라는 시를 가리켜 말한 것이다. 16구절로 된 7언 고시인 이 시는 "긴 등잔대 여덟 자에 달하지만 쓸데없이 길고, 낮은 등잔대 두 자라도 편리하고 밝다.(長檠八尺空自長, 短檠二尺便且光.)"로 시작된다.

127 두보의 광염: 한유가 지은 <장적을 조롱하여(調張籍)>라는 시에 "이백과 두보의 시는

사람에게는 꼭 필요해서 찾는 것　　在人偏需索
손 가는 대로 날아 올라간다 / 백고　　隨手任翶翔 / 伯高

밝게 비춘다고 어찌 기뻐할 것이며　　放明寧自喜
잠시 어두워져도 상심할 필욘 없다 / 범옹　　暫晦不須傷 / 泛翁

으슥한 곳 밝히기는 해와 달과 같으니　　燭幽同日月
옥을 태우는 곳 어찌 곤륜산뿐이겠는가?[128] / 천장
焚玉豈崑岡 / 天章

밤낮으로 공적 세우기 위해 부지런히 공부하고　　繼晷勤功業
불꽃을 바라보며 길한 조짐 점친다[129] / 인수　　看花占吉祥 / 仁叟

가까이할 만하지만 두려워도 해야 하니　　可親兼可畏
좋은 것도 주지만 재앙도 끼친다 / 백고　　貽善又貽殃 / 伯高

늙은 중은 뜻이 있는 줄 알겠지만　　老僧知有意

그 불꽃이 만 길 만큼이나 길다.(李杜文章在, 光焰萬丈長.)"라고 한 데서 따와 불빛이 아주 밝음을 표현하였다.

128 이 시구는 ≪서경·윤정(胤征)≫의 "불이 곤륜산을 태우면 구슬과 돌이 모두 타게 된다.(火炎崑岡, 玉石俱焚).)"라고 한 데서 따온 것인데, 옥석을 구분하지 않는다는 뜻으로 공동 운명체임을 말한다. 여기서 이상 두 시구는 큰 불낼 필요 없이 종이 등불로 어둠을 밝히기에 충분함을 말한 것으로 보인다. 곤륜산(崑崙山)은 중국 서북 지방에 있는 산으로 양질의 옥이 많이 나는 곳으로 유명하다.

129 이 시구와 관련하여 등잔에 벌불이 져서 불꽃이 동그랗게 되면 그것을 본 사람에게 좋은 일이 생긴다는 속설이 있었다. 어떤 꽃들은 피면 그 모양이 상서로운 구름과 같기 때문에 중국에서 꽃구경과 길상을 연관 지어 생각하는 습속이 있었다.

굶주린 쥐는 방비도 해야 한다 飢鼠要相防
오래 가지고 다니지 못할 걸 가련해하는 건 提攜憐不久
아침 해가 동녘에 떠올랐기 때문 / 범옹 朝日在扶桑 / 泛翁

책문
策文[130]

왕께서 이런 저런 사안에 대해 물으셨다.

신이 듣자옵건대 제왕의 정치는 때에 따라서 달리하지만, 제왕의 다스림은 도리로써 같이합니다. 때에 따라 달리하므로 감해진 것과 더해진 것[131]이 같지 않으며, 도리로써 같이하기 때문에 모두 다스림으로 귀결됩니다. 고금의 마땅함이 각기 다른 점을 밝혀서 감해지고 더해진 도리를 터득하

---

130 책문(策文): 과거시험 때 임금의 책문(策問)에 답하여 쓴 글, 곧 대책(對策)의 문장이다. ≪단계선생유고≫에 <무오정대책(戊午庭對策)>이란 제목으로 실린 글은 임금의 여러 책문을 한데 모아 앞에 두고, 하위지의 대책은 뒤에 차례대로 실려 있다. 두 군데 글에 다소간 글자상의 출입이 있다.

131 감해진 것과 더해진 것: 원문은 "손익(損益)"인데 ≪논어·위정(爲政)≫편에 나오는 다음 글에서 따온 것이다. 즉, "자장이 열 왕조 이후의 일을 알 수 있는지를 묻자 공자는 이렇게 대답하였다. '은나라는 하나라의 예법을 따랐기 때문에 감해진 것과 더해진 것을 알 수 있고, 주나라는 은나라의 예법을 따랐기 때문에 감해진 것과 더해진 것을 알 수 있다. 아마도 주나라의 뒤를 잇는 왕조라면 비록 백 왕조 이후라도 알 수 있다.'(子張問十世可知也? 自曰: '殷因於夏禮, 所損益, 可知也. 周因於殷禮, 所損益, 可知也. 其或繼周者, 雖百世, 可知也.')"

면 나라를 다스리는 데 무슨 어려움이 있겠습니까? 공손히 생각하옵건대 주상 전하께서는 신들을 조정으로 들어오게 하시어 노비와 과전(科田)의 한계와 의창(義倉) 및 사창(社倉)의 법도를 책문(策問)하시고 감하거나 더하는 것의 마땅함에 대해 진술하도록 하셨습니다. 비록 몽매하고 천한 서생이옵니다만 밝은 시대에 중대한 대책을 진언할 수 있게 되었사옵니다. 전하께서 널리 중론을 불러 모으시는 아름다움과 어지러워지기 전에 정무를 잘 다스리시는 뜻[132]은 진실로 하(夏)·은(殷)·주(周) 삼대(三代) 이후로 이처럼 성대한 적이 없었습니다.

王若曰云云.

臣聞帝王之政, 隨時而異; 帝王之治, 以道而同. 隨時而異, 故損益不同; 以道而同, 故皆歸于治. 明乎古今之異宜, 而得其損益之道, 則於爲國乎何有? 恭惟主上殿下進臣等于庭, 策之以奴婢科田之限與夫義倉社倉之法, 使陳損益之宜, 雖以草昧賤士, 得進大對於明時, 其廣延衆論之美, 制治未亂之意, 誠三代以來未有之盛也.

신이 엎드려 "제왕의 정치에 있어 어떠한 것이 감해질 수 있는 것인가?"라는 전하의 책문(策問)을 읽고서 신은 이렇게 대답하고자 합니다.

"한 왕조가 세워지면 필시 그 왕조에 알맞은 제도가 있었습니다. 그 때문에 요순시대와 하·은·주 삼대의 치세에는 모두 때에 따라서 감하거

132 어지러워지기……뜻: ≪서경·주관(周官)≫에 "옛날 큰 도가 행하여졌을 때에는 어지러워지기 전에 정무를 다스렸고 위태로워지기 전에 나라를 보우하도록 하였다.(若昔大猷, 制治于未亂, 保邦于未危.)"라는 글귀가 있다.

나 더함으로써 한 왕조의 규범을 이루었던 것입니다. 그렇지만 감해진 것과 더해진 것은 또한 예악(禮樂), 제도(制度), 문장(文章), 정사(政事)와 같은 것에 불과하였으니, 더하거나 감함에 있어 때에 맞게 하였을 따름입니다. 그때 이후로 한(漢)나라의 대강령은 당(唐)나라에 비해 더 올바르고, 당나라의 수많은 세목은 한나라에 비해 더 드러났습니다. 비록 그 중에 한두 가지 일컬을 만한 것이 있기는 하지만 어찌 오늘날에 말씀드릴 만한 것이겠사옵니까? 공손히 생각하옵건대 주상 전하께서는 하늘이 내려준 성스러움과 빛나는 학문[133]으로 시조의 창업하신 어려움을 이으시고, 완전하고 끝없는 대업을 이루시어 도의가 두루 퍼지고 정사가 잘 다스려져[134] 모두 합당하여 누락된 것이 없는데도 오히려 감하거나 더함에 있어 아직 마땅함을 얻지 못하셨을까봐 근심하시옵니다. 이는 바로 요임금과 순임금조차도 오히려 그렇게 하지 못할까봐 마음의 병통으로 여겼던 뜻[135]이라 할 것이옵니다."

臣伏讀聖策曰: "帝王之政, 止何者可損?"

臣謂一代之興, 必有一代之制, 故唐虞三代之治, 皆因時而損益, 以成

---

133 빛나는 학문: ≪시경·주송(周頌)·경지(敬之)≫에 "나날이 이루고 다달이 나아가 학문이 광명에까지 빛남이 있었네.(日就月將, 學有緝熙于光明.)"라는 시구가 있다.

134 도의가……다스려져: ≪서경·필명(畢命)≫에 "도의가 두루 퍼지고 정사가 잘 다스려져 백성을 윤택하게 할 것이다.(道洽政治, 潤澤生民.)"라는 글귀가 있다.

135 요임금과 순임금조차도……뜻: ≪논어·헌문(憲問)≫편에 "자로가 군자에 대해 묻자, 공자가 '공경함으로써 자기를 수양한다.'라고 말하였다. 자로가 '그와 같을 뿐입니까?'라고 묻자, 공자가 '자기를 수양하여 다른 사람을 편안하게 한다.'라고 말하였다. 자로가 또 '그와 같을 뿐입니까?'라고 묻자, 공자가 '자기를 수양하여 백성을 편안하게 하는 것인데, 자기를 수양하여 백성을 편안하게 하는 것은 요임금과 순임금조차도 그렇게 하지 못할까봐 병통으로 여겼도다!'라고 하였다.(子路問君子, 子曰: '修己以敬.' 曰: '如斯而已乎?' 曰: '修己以安人.' 曰: '如斯而已乎?' 曰: '修己以安百姓. 修己以安百姓, 堯舜其猶病諸!')"라는 글귀가 있다.

一代之規模. 然所損所益者, 亦不過禮樂制度文章政事之間而益之損之, 與時宜之而已. 自是以降, 漢之大綱, 視唐爲正; 唐之萬目, 比漢爲擧, 雖有一二之可稱, 而何足爲今日道哉? 恭惟主上殿下以天縱之聖, 緝熙之學, 嗣祖宗創業之艱難, 撫盈成無疆之鴻休, 道洽政治, 咸中罔缺, 而猶患損益之未得其宜, 此卽堯舜其猶病諸之意也.

신이 엎드려 "전지가 있고 백성이 있으니 장차 어떻게 이를 처리해야 하는가?"라는 전하의 책문(策問)을 읽고서 신은 이렇게 대답하고자 합니다.

"하늘이 백성을 낳으심에 비록 양민과 천민의 구분이 없었지만[136], 윗사람이 아랫사람을 부리는 데 있어서는 필시 높고 낮음의 등급이 있기 마련입니다. 대체로 관직에 있는 대부(大夫)들은 걸어 다닐 수 없으며, 부인(婦人)들은 밖으로 돌아다니도록 할 수 없사옵니다. 자신이 조정 대부의 반열에 있으면서 처자로 하여금 몸소 땔나무를 마련하거나 취사하는 따위의 천한 일을 하는 수고로움을 감당하게 한다면 어떻게 예의범절에 관한 풍속을 이룰 수 있겠사옵니까? 따라서 주(周)나라 예법에 죄를 지은 자는 호적을 몰수하여 노비로 삼아 천한 잡역을 담당하도록 시켰으니, 노비 제도의 설치는 그 유래가 있었던 것이옵니다. 우리 동방에서 기자(箕子)가 시운을 따른 이후로[137] 예의의 아름다움이 천하에 널리 알려진 것은 단지 중화

---

136 비록……없었지만: 원문은 "수유양천지변(雖有良賤之卞)"으로 되어 있는데, 문맥으로 보아 "유(有)"가 "무(無)"로 되는 것이 옳다고 생각되어 "수무양천지변(雖無良賤之辨)"으로 되어 있는 ≪단계선생유고≫를 따라 옮겼다.

137 기자(箕子)가……이후로: 기자가 시대의 운수에 순응하여 조선으로 건너와 제왕의 업을 세운 것을 가리킨다. 중국 은(殷)나라 말기에 기자가 조선에 와서 단군조선에 이어 건국하였다고 전하는 '기자조선(箕子朝鮮)'에 대해서는 고려와 조선 왕조에서 사실로 받아들였지만 지금 역사학계에서는 그 진위 문제에 대해서도 논란이 있다.

(中華)의 문화로써 이적(夷狄)의 풍속을 변화시켰을 뿐만 아니라, 본디 양민과 천민을 구별하고 노예를 두어 상하의 신분을 정함으로써 대부의 가문으로 하여금 모두 높고 낮음의 구분을 두도록 하였기 때문이옵니다. 집주인과 노비의 제도가 한번 정해진 뒤로 주인이 노비 보기를 임금이 신하를 보듯 하고, 노비가 주인 섬기기를 신하가 임금 섬기듯이 하였습니다. 그러한즉 노비 역시 하늘이 내린 백성이기는 하지만 본래 천민을 양민으로 바꾸어서 주인과 맞서 대등하게 하도록 할 수는 없는 것이옵니다. 다만 모두 선비의 가문인데도 노비의 많고 적음에 차이가 있으니 이는 분명 개탄할 만한 일이옵니다. 마땅히 한계를 두어 균등하게 함으로써 많고 적음의 현격한 차이가 없도록 하여야 할 것이옵니다. 그러나 귀천에 때가 있고 많고 적음에 차이가 있으며 노비의 생육과 성쇠 또한 다르기 마련이니, 이를 의도적으로 균등하게 하려고만 한다면 아마도 끝내 균등해지지 못하는 개탄을 면하지 못할까봐 두렵사옵니다.

신이 듣자옵건대 군자가 정치를 하는 데에 있어 옛것을 따르는 것을 귀하게 여기고 새롭게 고치는 것을 신중하게 한다고 하였사옵니다. 새로 제정된 법이 완벽하게 다 좋지 못하다면 옛것을 따르는 것만 못하기 때문이옵니다. 한(漢)나라에서는 노비의 수효를 30명으로 제한하는 것을 기준으로 삼았으며, 고려가 흥성하였을 때도 그 수효를 제한한 법을 두었는데 마땅히 폐단을 혁파하여 유감이 없도록 하고자 하였겠지만, 한갓 혼란스러운 걱정만 초래하였을 뿐 후세에 전할 만한 것이 되지 못하여 완벽하게 다 좋다고 볼 수는 없었사옵니다. 하물며 여러 대에 걸쳐 전해져 온 노비들을 하루아침에 빼앗아 다른 사람에게 준다면 인지상정으로 보아 어찌 편안하게 여길 수 있겠사옵니까? 노비의 수효를 한정하는 제도는 분명 회복시켜서는 안 될 것이옵니다. 신이 원하기로는 지나치게 많은 노비를 거느리고 있는 자로 하여금 노비가 하나도 없는 일족에게 나누어주도록 하여 가까운 친척을 친하게 대하는[138] 어진 덕을 이루게 하고, 또 타인의 것을 한데 아울러서 자기 소유로 만드는 길을 막아 노비가 많은 자들로 하여금 매매를 핑계로 다른 사람들로부터 취하여 자신의 노비를 더하게 할 수 없도록 한다면, 비록 노비의 수를 한정하는 법이 없다고 하더라도 점진적으로 균등해지기를 바랄 수 있을 것이옵니다."

臣伏讀聖策曰: "夫有田有民, 止將何以處之?"

臣謂天之生民, 雖有良賤之卞, 上之使下, 必有尊卑之等. 蓋大夫不可以徒步, 婦人不可以外遊, 身爲朝列, 而使妻子執廝養之勞, 何以成禮俗乎? 故周禮, 凡有罪者沒爲奴婢, 使執賤役, 則奴婢之設有自來矣. 惟我東方自箕子撫運以來, 禮義之美聞於天下者, 非特用夏變夷之俗, 自有別良賤、立奴隷, 以定上下之分, 而使大夫之家皆有尊卑之分也. 家主奴婢之制一定, 而主之視奴, 猶君之視臣, 奴之事主, 猶臣之事君. 然則奴婢雖亦天之民, 固不變賤爲良, 與主抗衡也. 但均爲士家, 而多寡不同, 是固可歎也. 宜若立限以均之, 使無多寡之懸隔也. 然貴賤有時, 繁寡不同, 而奴婢生育盛衰亦異, 則求以均之, 恐未免終有不均之歎也.

臣聞君子爲政, 貴因循而重改作, 法立而不能盡善, 則莫若因舊之爲愈也. 漢之定限, 以三十口爲率; 而高麗盛時, 亦有定限之法, 宜若革弊而無

---

138 가까운……대하는: ≪맹자(孟子)·진심상(盡心上)≫에 "친척을 가까이 여기기 때문에 백성들을 인의 덕으로 대할 수 있고, 백성들을 인의 덕으로 대하기 때문에 만물을 아낄 수 있다.(親親而仁民, 仁民而愛物.)"라는 글귀가 있고, ≪중용(中庸)·문정장(問政章)≫에도 "인이란 바로 사람이다. 가장 가까운 사람을 친하게 대하는 것이 중요하다.(仁者, 人也. 親親爲大.)"라는 글귀가 있다.

憾矣，徒致紛擾之患而不可傳於後世，未見其盡善也．而况累世相傳之臧獲，一朝奪而與人，豈常情之所安乎？定限之制，固不可復．臣願奴婢之過多者，使分給一族之全無以爲親親之仁；又塞兼幷之門，使奴婢多者不得託買賣，取諸人以自益，則雖無定限之法，而庶有可均之漸矣．

신이 엎드려 "문무백관의 직무와 관련된 문제를 어떤 방도로 처리해야 하는가?"라는 전하의 책문(策問)을 읽고서 신은 이렇게 대답하고자 합니다.

"직전법(職田法)은 수(隋)나라와 당(唐)나라 때부터 시작되어 내직과 외직에 있는 모든 관리로서 관직에 몸담고 있는 자들로 하여금 조세의 수입으로 먹고 살도록 하였으니, 녹봉을 갖추어줌으로써 염치를 기르도록 하고자 하는 것이었습니다. 우리 조선의 과전 제도는 관작의 등급에 따라 전지(田地)의 많고 적음을 책정하였으며, 관직에서는 이미 물러났더라도 전지는 환수하지 않고 몸은 비록 죽었더라도 후손들에게까지 물려주게 하였으니, 군주가 신하들에게 진심을 다하고 신실하게 대하며 녹봉을 중하게 여긴[139] 아름다움이 수나라와 당나라의 직전법에 비할 바가 아닙니다. 바로 벼슬한 자에게 대대로 녹봉을 준다는 문왕(文王)과 무왕(武王)의 뜻이옵니다. 그렇지만 그 많고 적음에 차이가 나서 이미 전지를 받고 있는 자는 혼자 그 이로움을 누리고 있는 반면에 새로 벼슬에 나아가는 자는 다시 받을 가망이 없게 되니, 비록 관작은 같을지라도 전지는 달라서 과전의 실질에 있어 균등한 배분이 없어 몹시 고르지 않게 되었사옵니다. 그러

139 군주가……여긴: ≪중용·문정장≫에 "군주가 신하에게 진심을 다하고 신실하게 대하며 녹봉을 중히 여기는 것은 선비(신하)를 권면하는 것이다.(忠信重祿, 所以勸士也.)"라는 글귀가 있다.

나 어찌 법이 균등하지 않아서이겠습니까? 법을 집행하는 자가 균등하게 하지 못한 탓일 따름이옵니다. 직전에 관한 법은 비록 균등하게 되어 있는 것 같지만, 공훈을 세우고도 한산한 직책에 있게 되면 가족 봉양의 근심을 면하지 못하게 됩니다. 휼양전(恤養田)[140]과 수신전(守信田)[141]도 폐지할 수 없다는 점은 참으로 어떤 이가 말한 것과 같사옵니다. 더군다나 직전 제도는 송(宋)나라 함평(咸平)[142]과 천성(天聖)[143] 연간에 잠시 회복되었다가 곧바로 폐지되고 말아 끝내 시행되지 못하였으니, 이미 만들어져 있는 법에 따라 균등하게 지급하는 방법을 엄하게 밝혀 많은 것은 덜어내고 적은 것은 더해주되 벼슬의 위계에 따라 맞게 전지를 주면 전지에 고르지 않음이 없게 되어 이 문제에 대한 처리가 정도를 얻게 되는 것만 못하옵니다."

臣伏讀聖策曰: "文武職事, 止何道而處之?"

臣謂職田之法, 始於隋唐, 使內外庶官居其職者, 食其所賦之入, 所以備饟廩、養廉恥也. 國家科田之制, 因爵之等級, 定田之多寡; 職雖已去, 而田則不去, 身雖已沒, 而猶及後嗣, 其忠信重祿之美, 非隋唐職田之比, 卽文武世祿之意也. 然而多寡不同, 已受者獨享其利, 新進者無復有望; 爵雖同而田則異, 爲科田之實無等分, 其爲不均甚矣. 然豈法之不均乎? 乃用法者之不均耳. 職田之法雖若均矣, 而勳勞閑散, 未免奉養之憂. 恤養、守信之

140 휼양전(恤養田): 조선 전기 과전법 체제 아래에서 시행된 토지제도로, 정부로부터 과전을 받은 관료들 중 부모가 다 죽고 자손이 어린 경우 이들을 보살피기 위해 아버지가 받은 과전을 상속하도록 한 토지를 말한다.

141 수신전(守信田): 조선 전기 과전법 체제 아래에서 시행된 토지제도로, 과전을 지급받은 관리가 죽은 뒤에 재혼하지 않은 그 부인에게 지급한 토지를 말한다.

142 함평(咸平): 송나라 진종(眞宗)의 첫 번째 연호로 6년간(998~1003) 사용되었다.

143 천성(天聖): 송나라 인종(仁宗)의 첫 번째 연호로 10년간(1023~1032) 사용되었다.

田亦不可廢，誠如或者之所言．而況職田之制，宋朝咸平、天聖之間，隨復隨罷，莫能竟行；莫若因其已成之憲，嚴明均給之法，裒多以益寡，稱爵以授田，則田無不均、處之得其道矣.

신이 엎드려 "제왕이 순수(巡狩)하는 제도를 오늘날에 다시 시행할 수 있겠는가?"라는 전하의 책문(策問)을 읽고서 신은 이렇게 대답하고자 합니다.

"신이 듣자옵건대 천자가 제후에게로 찾아가는 것을 '순수(巡狩)'라고 하였는데, 순수란 (천자가 제후들이) 지키고 있는 곳을 돌아보는 것으로 제후국의 제도를 고찰하고 풍속을 살펴서 원근의 실정을 소통시키고자 하는 것이옵니다. 요순시대에는 5년에 한번 순수하였고, 주나라 때는 12년에 한번 순수하였습니다. 어떤 때는 드물게 하고 어떤 때는 자주하여 오랜만에 하거나 빠른 시일 내에 하는 차이가 있었던 것은 각국의 회합과 변통을 관찰하여 시의에 합당하도록 하는 가운데서 간소하게 하거나 번다하게 한 차이가 생겨났던 것이니, 감하였거나 더한 것을 알 수 있다고 한 것은 바로 이를 두고 한 말이옵니다. 하(夏)나라 속담[144]에 '(봄에) 우리 임금님께서 와 보지 아니하시면 우리들이 어떻게 쉬며, (가을에) 우리 임금님께서 와 보지 아니하시면 우리들이 어디서 도움을 받나? 우리 임금님께서 찾아와 보심이 제후들이 본받을 법도가 되네.'라고 하였습니다. 그때에 백성들이 임금의 수레에 달린 새털로 장식한 깃발의 아름다움을 보고 모두들 흔

144 하(夏)나라 속담: ≪맹자·양혜왕하(梁惠王下)≫에 나오는 글귀이다. 천자가 봄철에 제후국을 시찰하는 것을 '유(遊)', 가을철에 시찰하는 것을 '예(豫)'라고 하였다.

쾌하게 서로 기뻐하였으니[145] 비록 인력이나 수레를 조달한 것이 많다손 치더라도 무슨 원망이 있었겠사옵니까?

'수수(蒐狩)'[146]의 예는 무예를 강습하는 동시에 종묘 제사에 필요한 제물을 마련하기 위한 것이니 진실로 나라가 존속하는 한 폐지해서는 안 될 일이옵니다. 전하께서는 탕왕(湯王)이 사냥할 때 사방으로 쳐놓은 그물망 중에서 삼면을 걷어버리도록 한 어진 덕[147]으로 주(周)나라에서 주공(周公)이 병기를 잘 정비하도록 한 경계[148]를 체득하시어 사계절의 수렵을 반드시 백성들이 휴식하는 시기를 택해 군대를 일일이 검열하시면서, 백성들의 슬

---

145 그때에……기뻐하였으니: ≪맹자·양혜왕하≫에는 이 내용이 왕이 사냥하는 모습을 두고 한 것으로 되어 있는데 그 글은 이러하다. "왕께서 지금 사냥을 하시는데, 백성들은 왕의 수레와 말이 달리는 소리를 듣고 사냥에 쓰는 깃발들의 아름다운 행렬을 보고서는 모두들 흔쾌하게 기쁜 얼굴빛으로 서로 말하기를 '우리 임금께서는 아마도 아프신 데가 없으신 모양이야, 그렇지 않다면 어떻게 사냥을 하시겠는가?'라고 하였다.(今王田獵於此, 百姓聞王車馬之音, 見羽旄之美, 擧欣欣然有喜色而相告曰: '吾王庶幾無疾病與, 何以能田獵也?')"

146 수수(蒐狩): ≪곡량전(穀梁傳)·소공(昭公) 8년≫에 "수수를 통하여 무예를 강습하니 예 가운데 중대한 것이다.(因蒐狩以習用武事, 禮之大者也.)"라는 글귀가 있는데, 통상 봄철 사냥을 '수(蒐)', 겨울철 사냥을 '수(狩)'로 구분하였다. 사냥에서 짐승을 잡아 종묘 제사에 바치는 희생물로 사용하였다.

147 탕왕(湯王)이……덕: 탕왕이 행한 '축망(祝網)'의 이야기는 ≪여씨춘추(呂氏春秋)·맹동기(孟冬紀)·이용(異用)≫편에 상세한데, 여기서는 ≪사기·은본기(殷本紀)≫의 관련 기록을 보면 다음과 같다. "탕왕이 외출하였을 때 어떤 사람이 야외 사방으로 그물망을 쳐놓고 '천지와 사방으로부터 오는 녀석들이 모두 내 그물망 속으로 들어오게 하소서.'라고 축원하는 것을 보고 '아! 일망타진하겠구나!' 하면서 삼면의 그물망을 걷어치우게 시키고는 그 사람에게 이렇게 축원하도록 하였다. '왼쪽으로 도망가려면 왼쪽으로 가고, 오른쪽으로 도망가려면 오른쪽으로 가거라. 명령을 따르지 않는 녀석들만 내 그물망 속으로 들어오너라.' 제후들이 이 사실을 듣고 '탕왕의 덕이 지극하여 금수에까지 미쳤도다.'라고 하였다.(湯出, 見野 張網四面, 祝曰: '自天下四方皆入吾網.' 湯曰: '嘻, 盡之矣!' 乃去其三面, 祝曰: '欲左, 左. 欲右, 右. 不用命, 乃入吾網.' 諸侯聞之, 曰: '湯德至矣, 及禽獸.')"

148 주공(周公)이……경계: ≪서경·입정(立政)≫에 "그대의 병기를 잘 정비하여 우임금의 발자취를 따르고, 널리 천하에 행해지도록 하여 바다 끝에 이르기까지 복종하지 않는 자가 없게 하소서.(其克詰爾戎兵, 以陟禹之迹, 方行天下, 至于海表, 罔有不服.)"라는 글귀가 있는데, 이는 주공(周公)이 성왕(成王)에게 아뢴 것을 사관이 기록한 것으로 알려져 있다.

프고 기쁜 일을 묻기도 하시고 오곡의 풍작과 흉작을 살피기도 하시었습니다. 이것은 바로 백성들이 경작하고 추수하는 것을 살펴보고 그들의 모자람을 보충해주시면서 시찰하신 것인데도 오히려 대여섯 날 동안 민폐가 되었을까봐 염려하셨으니, 이로써 전하께서 백성들 돌보시기를 마치 상처를 어루만지듯 하신 뜻[149]을 볼 수 있겠사옵니다. 다만 근래 수년 동안 수해와 한해가 잇달아 발생하여 사람과 가축이 피폐해진 것이 예전과 다르니, 수종하는 인력이나 물자에 대한 조달을 덜어 감해주신다면 이 또한 백성을 아끼고 재정 지출을 적절하게 조절하는 방도[150]의 하나가 될 것이옵니다."

臣伏讀聖策曰: "巡狩之制, 止可復行於今歟?"

臣聞天子適諸侯曰巡狩, 巡狩者, 巡所守也,[151] 所以考制度、察風俗, 而通遠近之情. 唐虞之時, 五載一巡狩; 成周之世, 十二年一巡狩, 其所以或疎或數, 久速不同者, 觀其會通, 合乎時宜, 而煩簡有異, 所謂損益可知者此也. 夏諺曰: "吾王不遊, 吾何以休? 吾王不豫, 吾何以助? 一遊一豫爲諸侯度." 當是之時, 見羽旄之美, 擧欣欣然相悅, 雖有調度之多, 何怨之有?

---

149 전하께서……뜻: ≪좌전(左傳)·애공(哀公) 원년≫에 "신이 듣기로는 나라가 세워질 때엔 백성들 돌보기를 마치 상처를 어루만지듯 하였으니 이것은 그들의 복이었다.(臣聞國之興也, 視民如傷, 是其福也.)"라는 글귀가 있고, ≪맹자·이루하(離婁下)≫에는 "문왕은 백성들 돌보기를 마치 상처를 어루만지듯 하였으며, 도를 열망하기를 마치 여태껏 본 적이 없는 것처럼 하였다.(文王視民如傷, 望道而未之見.)"라는 글귀가 있다.

150 백성을……방도: ≪논어·학이(學而)≫편에 "전차 천 대를 낼 수 있는 규모의 제후국을 다스릴 때 정사를 신중히 하여 믿음을 줄 수 있어야 하며, 재정 지출을 적절하게 조절하고 신하들을 사랑할 수 있어야 하며, 백성들을 부릴 때는 때에 맞도록 해야 한다.(道千乘之國, 敬事而信, 節用而愛人, 使民以時.)"라는 국가 통치의 방도와 관련한 공자의 말씀이 실려 있다.

151 天子適諸侯曰巡狩. 巡狩者, 巡所守也: ≪맹자·양혜왕하(梁惠王下)≫에 나오는 글귀이다.

蒐狩之禮, 所以講武事而備宗廟籩豆之實, 誠有國之不可廢也. 殿下以成湯祝網之仁, 體周家詰兵之戒, 四時之獵, 必於民力休息之日, 于以簡閱其軍旅, 或問閭閻之休戚, 或察禾稼之豐歉, 此正省耕省斂, 補其不足之遊豫. 而猶慮五日六日之有弊, 于以見 殿下視民如傷之意也. 但以比年以來水旱相仍, 人畜疲斃異於昔日, 其趨從調度, 減而損之, 則亦愛民節用之一道也.

신이 엎드려 "옛날의 제왕들은 그 통치술이 어디에 있는가?"라는 전하의 책문(策問)을 읽고서 신은 이렇게 대답하고자 합니다.

"신이 듣자옵건대 도읍지란 사방에서 모여드는 곳으로 나라와 함께 하늘에서 내려준 복에 합당하도록[152] 하는 땅입니다. 따라서 나라를 세우고 도읍지를 정하는 것을 성인들이 매우 중시하였습니다. 요임금은 평양(平陽)[153]에 도읍지를 정하였고 순임금은 포판(蒲坂)[154]에 도읍지를 정하였는데, 모두 한 사람의 사사로움을 따른 것이 아니라 백성들의 이로움을 보고 옮긴 것이옵니다. 주나라가 천하를 차지한 뒤 처음 호경(鎬京)[155]에 도읍지를 정하였다가 새로 낙읍(洛邑)[156]을 도읍지로 정한 것은 대개 호경은 왕업의 기초가 되었던 곳으로 자손들이 마땅히 지켜야 할 곳이었으며, 낙읍은 천하의 중심지로 왕도를 행하는 임금이 마땅히 있어야 할 곳이었기 때

---

152 하늘에서……합당하도록: ≪서경·낙고(洛誥)≫에 "주공께서는 하늘이 내려주신 복을 공경하지 않을 수 없어 와서 도읍지를 조사하시어 주나라를 바로 세워 내려주신 복에 합당하도록 하셨습니다.(公不敢不敬天之休, 來相宅, 其作周匹休.)"라는 글귀가 있다. 이 인용문은 성왕이 주공에게 한 말을 사관이 기록한 것이다.

153 평양(平陽): 지금 산서성(山西省) 서남부에 있는 임분시(臨汾市)이다.

154 포판(蒲坂): 지금 산서성 최서남단에 있는 영제시(永濟市) 포주진(蒲州鎭)이다.

155 호경(鎬京): 지금 섬서성(陝西省) 서안시(西安市) 장안구(長安區)이다.

156 낙읍(洛邑): 지금 하남성(河南省) 낙양시(洛陽市)의 옛 명칭이다.

문입니다. 호경에 도읍지를 정하여 시조가 처음 기초를 세운 땅을 보우하고, 거북점을 쳐서 낙읍에 도읍지를 정함으로써 천하 사람들에게 중앙에 자리를 잡아 치세를 도모하는 것을 보였으니, 주나라의 제도가 주도면밀한 것이 이와 같이 지극하였사옵니다. 한나라와 당나라 때에도 관중(關中)[157] 지방에 도읍지를 세운 뒤에 또다시 낙양에 동경(東京)을 설치하였으니 아마도 두 수도를 오고간 주나라의 뜻을 따랐던 것이옵니다.

예전에 고려에서 송경(松京)[158]에 도읍지를 정해놓고 또다시 평양(平壤)에 도읍지를 정하여 자손들로 하여금 잊어버리지 말도록 한 것은, 아마도 평양은 단군(檀君)과 기자(箕子)의 옛터로 오래전부터 전하여 온 풍속이 지금까지 남아 있는 곳이기 때문이 아닌가 하옵니다. 우리 태조께서 천명을 받으신 초기에 한양(漢陽)에 도읍을 정하시고는 그곳을 백성들의 밝은 임금이 되기 위한 땅[159]으로 삼으셨으니, 배로 물건을 실어 나르기에 편리하고 사방의 중심지이며 높은 산들로 둘러싸여 함락되지 않을 터전이었사옵니다. 그러나 송경은 인심과 풍속이 순박하고 두터우며 인물이 많이 나는 곳으로, 산천의 빼어난 경치도 우리 동방에서 으뜸인지라 사람들이 마음속으로 사모하고 있사옵니다. 신은 제 나름의 소견으로 한양은 시조께서 천명의 기초를 세운 땅으로 자손들이 마땅히 삼가 지켜야 할 곳이라고 여

---

157 관중(關中): 지금 섬서성 중부 지역을 가리킨다. 동쪽 동관(潼關), 서쪽 산관(散關), 남쪽 무관(武關), 북쪽 소관(蕭關) 등 네 관문의 안쪽으로, 지금 섬서성 중부의 서안(西安), 보계(寶鷄), 함양(咸陽), 위남(渭南), 동천(銅川), 양릉(楊陵) 등 다섯 개 시 지역에 해당한다.

158 송경(松京): 조선시대 이후 고려의 수도였던 개성(開城)을 부르던 호칭이다.

159 백성들의……땅: ≪서경·낙고(洛誥)≫에 "임금님(成王)께서 겸손하게 감히 하늘의 첫 시작한 명과 마지막 안정시키는 명에 미치지 못하는 것 같이 하시기에 제(周公)가 태보(太保)의 뒤를 이어 동쪽 땅(洛陽)을 크게 살펴보았더니 그곳이 백성들의 밝은 임금이 될 터전이었습니다.(王如不敢及天基命定名, 予乃胤保, 大相東土, 其基作民明辟.)"라는 글귀가 있다.

기옵니다.[160] 위로 역대 왕조에서 두 도읍지를 둔 제도를 살피시어 이곳(한양)에 도읍을 정하여 만세토록 영원히 건설해나갈 터전으로 삼으시고, 저곳(송경)을 오가며 순수하고 돌아볼 곳으로 삼으시어 그곳에서 능묘를 배알하시기도 하고 무예를 강습하시기도 한다면, 송경의 연로하신 어른들의 여망을 위로하실 수 있을 터이라 옛 사람들이 두 곳에 도읍지를 둔 뜻을 오늘날 다시 볼 수 있을 것이옵니다."

臣伏讀聖策曰: "古之帝王, 止其術安在?"

臣聞京師者, 四方之所會, 而與國匹休之地也. 故立國定都, 聖人重之: 堯都平陽, 舜都蒲板, 皆非循一己之私, 視民利而用遷者也. 周有天下, 旣都鎬京, 而定鼎于洛邑者, 蓋鎬京, 王業之所基而子孫之所當守也; 洛邑, 天下之中而王者之所當居也. 於鎬京定都, 以保朝宗肇基之地; 于洛而卜龜, 以示天下宅中而圖治, 周家制度, 固密如此其至也. 漢唐之世, 旣立京師於關中, 又設東京於洛陽, 其得周家一往一來之意乎.

昔在高麗, 旣都松京, 又都平壤, 使子孫毋忘之者, 得不以平壤檀君箕子之遺墟, 而流風餘俗之所在乎. 惟我太祖受命之初, 定都于漢陽, 而以爲作民明辟之地: 漕運之便, 四方之中, 而山岳不拔之基也. 然而松京淳厚, 人物豐盛, 山川之勝冠於東方, 而人心思之. 臣竊謂漢陽, 祖宗基命之地, 而子孫之所當敬守也. 上考歷代兩都之制, 定居于此, 以爲萬世永建之地, 往來于彼, 以爲巡狩遊豫之所, 于以謁陵寢, 于以講武事, 則可以慰松都父老

---

160 ≪단계선생유고≫에는 이하 "송경은 능묘가 있는 곳인지라 역시 국가에서 잊어서는 안 될 것이옵니다.(松京, 陵墓之所在, 而亦國家之未可忘也.)"라는 두 구절이 들어 있는데, 문맥상 있는 것이 더 좋을 듯하여 주석에 보충해둔다.

之望, 而古人並建之意, 可復見於今日矣.

신이 엎드려 "의창을 설치함에 있어 마을에 사창을 세우면 되겠는가?" 라는 전하의 책문(策問)을 읽고서 신은 이렇게 대답하고자 합니다.

"의창이란 백성을 살리는 대명(大命)으로 나라의 근본이 그것에 힘입어 굳건하게 되는 것이옵니다. 바야흐로 지금 의창이 광범하게 설치되지 않은 것은 아니지만, 단 한번만 가뭄을 당해도 주현(州縣)에서 비축미가 바닥이 났다고 보고하여 다른 곳에서 양곡을 옮겨와야 하는 근심이 생기게 되는 것은 비축 물량이 충분하지 못하기 때문이옵니다. 옛날에는 9년간 경작하면 3년분의 비축 물량을 확보해두었지만 지금 여러 군(郡) 중에는 1년분의 비축 물량도 없는 곳이 있사오니, 급한 것을 구제하고 기근의 근심을 면할 수 있기를 구하기란 또한 어렵지 않겠사옵니까?

신의 듣자옵건대 주자(朱子: 朱熹, 1130~1200)가 제창한 사창 제도는 처음 관청에 원곡(元穀)을 신청하여 해마다 이식을 취한 뒤에 관청에 원곡을 되돌려주는 것으로 항구적인 계책으로 정하여, (그렇게 이식으로 비축된 곡물을 가지고) 다시 이식을 받지 않고 한 지방 사람들을 구제하고, 수해나 가뭄으로 인해 흉년이 들었을 때 살아가도록 서로 구제해주었던 것이옵니다. 이 또한 어진 사람과 군자가 나라를 잘 경륜하여 이익을 늘리는 정치의 하나로서 목민관들이 마땅히 준수해야 할 것이옵니다. 어찌 주문공(朱文公)[161]의 시대에는 시행할 수 있고 오늘날에는 시행할 수 없는 것이겠사옵니까? 진실로 주문공의 마음 씀씀이를 마음으로 삼고 주문공이 제창한

161 주문공(朱文公): 주희(朱熹)의 시호이다.

법을 법으로 삼아 적임자를 찾아 일을 맡겨 거둬들이고 나누어주는 일을 적절하게 잘 통제한다면, 호적이 분명하지 못하다거나 백성들이 이곳저곳으로 떠돌아다닐까봐 우려하지 않아도 될 터이니 사창 제도는 오늘날에 다시 시행할 수 있을 것이옵니다."

臣伏讀聖策曰: "義倉之設, 止建社倉于閭里乎?"

臣聞義倉者, 生民之大命, 而邦本之所賴以固也. 方今義倉之設非不廣也, 而一遇旱乾, 州縣告匱, 而有移粟之患者, 以其蓄積之不多也. 古者, 九年之耕, 有三年之蓄; 今數郡而無一年之蓄者有之, 求其能周急而免飢饉之患, 不亦難乎?

臣聞朱子社倉之制, 初請本於官, 排年取息以後還本於官, 而定爲久計, 更不收息, 以救一方之人, 水旱凶荒以相濟, 玆亦仁人君子經綸興利之一政, 而牧民者之所當遵守也. 豈有可行於文公之時, 而不可行於今日乎? 苟能心文公之心、法文公之法, 而任得其人, 斂散有制, 則不患版籍之不明、人民之流移, 而社倉之制, 可復行於今日矣,

신이 엎드려 "이러한 몇 가지 사안에 대해 다 진술하고 숨기지 말지어다."라는 전하의 책문(策問)을 읽고서 신은 이렇게 대답하고자 합니다.

"이 몇 가지 사안은 모두 오늘날에 시행할 수 있는 일이지만 양곡을 비축하는 문제는 지금 더욱 당면한 급무이온데, 오늘날 공사(公私) 간에 비축은 진실로 한심한 실정이옵니다. ≪대학(大學)≫[162]에서 천하를 화평

162 대학(大學): ≪대학·평천하장(平天下章)≫에 "재물을 증식하는 데 큰 방도가 있으니 생산에 종사하는 자는 많고 녹봉을 먹고 사는 자는 적으며, 해야 할 일을 재빠르게 하

하게 하는 문제를 논하면서 생산에 종사하는 자는 많고 녹봉을 먹고 사는 자는 적으며, 해야 할 일을 재빠르게 하고 재정 지출을 더디게 하는 것을 재산을 증식하는 큰 방도로 삼았사옵니다. 엎드려 생각하옵건대 전하께옵서는 이 점에 유념하여 거듭 하는 일 없이 놀고먹는 것을 엄금하시어, 백성들로 하여금 모두 근본(농사일)에 힘쓰고 급하지 않는 소비를 없애도록 하며 수입을 헤아려 지출하도록 하신다면, 장차 태창(太倉)의 양곡이 여러 해에 걸쳐 끊이지 않고 넘치도록 쌓여[163] 비록 7년이나 9년의 수해나 가뭄이 닥치더라도 요임금과 탕왕이 했던 근심을 근심하지 않게 되실 것이옵니다.[164]

대체로 이와 같이만 된다면 위로는 임금님께서 재정 조달이 부족할까봐 근심하실 일이 없고 아래로는 백성들이 부모를 봉양하고 자녀를 양육하는 즐거움을 누릴 터인즉, 훌륭한 정치가 행해지고 다스리는 도리가 융성해짐이 모두 여기에 있을 것이옵니다. 비록 이와 같기는 하오나 정치란

고 재정 지출을 더디게 하면 재물은 항상 풍족하기 마련이다.(生財有大道, 生之者衆, 食之者寡; 爲之者疾, 用之者舒, 則財恒足矣.)"라는 글귀가 있다.

163 태창(太倉)의……쌓여: ≪사기·평준서(平準書)≫에 "태창의 양곡은 여러 해 쌓여 넘쳐나, 노천에까지 쌓아두었다가 썩어서 먹지 못할 지경에 이르렀다.(太倉之粟陳陳相因, 充溢露積於外, 至腐敗不可食.)"라는 글귀가 있다. 태창(太倉)은 수도에 설치한 양곡을 저장하던 큰 창고이다.

164 7년이나……것이옵니다: 한(漢)나라 때 조조(鼂錯, BC 200~BC 154)가 쓴 <논귀속소(論貴粟疏)>에 "성스러운 왕이 임금 자리에 있을 때 백성들이 추위에 떨거나 배고프지 않았던 것은 왕이 손수 농사를 지어 백성들을 먹여주고 몸소 옷감을 짜서 옷을 입혀 줄 수 있었던 것이 아니라, 백성들에게 재물을 생산하는 길을 열어주었기 때문입니다. 요임금과 우임금 때 9년간의 수해가 있었고 탕왕 때 7년간의 한해가 있었음에도 나라에 버려지거나 여윈 사람이 없었던 것은 양곡을 많이 비축하고 미리 대비를 잘하였기 때문입니다.(聖王在上, 而民不凍飢者, 非能耕而食之, 織而衣之也, 爲開其資財之道也. 故堯禹有九年之水, 湯有七年之旱, 而國亡捐瘠者, 以蓄積多而備先具也.)"라는 글귀가 있다. 그리고 남송(南宋) 시인 육유(陸游, 1125~1210)의 <추획가(秋獲歌)>에 "식사에 지게미와 쌀겨도 싫증내지 않음을 추념하니 수해와 한해에 요임금과 탕왕으로 하여금 근심하게 하지 말지라.(追思食不饜糟糠, 勿使水旱憂堯湯.)"라는 시구가 있다.

다스리는 도구이고, 도리란 나라를 다스리는 근본이며, 군주의 한마음 또한 도리가 말미암아 나오는 통로입니다. 도리의 큰 본원은 하늘에 뿌리를 두고 있으며, 도리의 큰 작용은 정치로 드러납니다. 군주는 하늘과 사람의 사이에 위치하고 있으면서 하늘의 도리에 순응하는 책무[165]를 담당하고 있으니, 예악·형정의 잘잘못과 문장·제도의 가감이 모두 임금의 한마음이 있고 없음에 달려 있사옵니다. 엎드려 바라옵건대 전하께서는 어려움을 구제하는 생각에 더욱 근면하시어 보이지 아니하고 들리지 아니하는 데서 선한 본심을 잘 기르시고, 숨은 것보다 잘 드러나는 것이 없고 미세한 것보다 잘 나타나는 것이 없음을 성찰하시며[166], 천하의 큰 근본을 세우시고 천하의 큰 작용을 통달하게 하시어 중화(中和)의 지극한 공적에 이르도록 하신다면[167], 정치가 시행되지 않는 것이 없고 폐단이 혁파되지 않는 것이

165 군주는……책무: ≪서경·탕고(湯誥)≫에 "위대하신 상제께서 아래 백성들에게 선한 마음을 내려주셨다. 백성들로 하여금 떳떳한 본성을 따르게 하고 하늘의 도리에 순응할 수 있다면 임금 노릇 제대로 할 것이다.(惟皇上帝, 降衷于下民. 若有恒性, 克綏厥猷惟后.)"라는 글귀가 있다.

166 보이지……성찰하시며: ≪중용·천명장(天命章)≫에 "하늘이 명한 것을 본성이라고 하고, 본성을 따르는 것을 도리라고 하며, 도리를 닦는 것을 가르침이라고 한다. 도리는 잠시라도 떠날 수 없는 것이다. 떠날 수 있는 것이라면 도리가 아니다. 이런 까닭에 군자는 보이지 않는 데서 경계하고 삼가며, 들리지 않는 데서 두려워한다. 숨은 것보다 잘 드러나는 것이 없고, 미세한 것보다 잘 나타나는 것이 없다. 그러므로 군자는 홀로 있음을 삼가는 것이다.(天命之謂性, 率性之謂道, 修道之謂敎. 道也者, 不可須臾離也. 可離, 非道也. 是故君子戒愼乎其所不睹, 恐懼乎其所不聞. 莫見乎隱, 莫顯乎微, 故君子愼其獨也.)"라는 글귀가 있다. ≪대학·정심장(正心章)≫에도 "마음이 있지 아니하면 보아도 보이지 않고, 들어도 들리지 않으며, 먹어도 그 맛을 알지 못한다. 이 때문에 몸을 닦는 것은 마음을 바르게 하는 데 있다고 하는 것이다.(心不在焉, 視而不見, 聽而不聞, 食而不知其味. 是謂修身在正其心.)"라는 글귀가 있다.

167 천하의……하신다면: ≪중용·천명장≫에 "희로애락이 아직 발현되지 않은 상태를 '중'이라고 하고, 발현되어 모두 절도에 들어맞는 것을 '화'라고 한다. 중이라는 것은 천하의 큰 근본이고 화라는 것은 천하 사람들이 달성해야 할 길이다. 중과 화를 지극한 경지에까지 이르게 하면 그 속에서 천지가 제자리를 잡고 만물이 잘 자라게 된다.(喜怒哀樂之未發, 謂之中; 發而皆中節, 謂之和. 中也者, 天下之大本也; 和也者, 天下之達道也. 致中和, 天地位焉, 萬物育焉.)"라는 글귀가 있다.

없어 하늘이 자연스럽게 만물을 화육하는 데 참여하는 다스림을 가만히 앉아서 이룰 수 있을 것[168]이옵니다. 이상 몇 가지 사안에 대해서 무슨 염려하실 것이 있겠사옵니까? 신이 삼가 대답하였습니다."

臣伏讀聖策曰: "凡玆數者, 止悉陳無隱."

臣謂凡此數者皆今日可行之事, 而蓄積尤當今之急務也, 方今公私之蓄, 誠可寒心. 大學論平天下, 而以生衆食寡爲疾用舒, 爲生財之大道. 伏惟 殿下留意於此, 申嚴遊手之禁, 而使民皆務其本, 去其不急之費, 量其入而出之, 則將見太倉之粟陳陳相仍, 雖有七年九年之水旱, 而不憂堯湯之憂矣.

夫如是, 則上無調度不足之憂, 下有仰事俯育之樂, 善政之行, 治道之隆, 實在此矣. 雖然, 政者爲治之具也, 道者出治之本也, 而人主之一心, 又道之所由出也. 道之大原本於天, 道之大用著於政. 人君位天人之間, 而任克綏厥猷之責, 禮樂、刑政之得失, 文章、制度之損益, 皆係於一心之存不存. 伏望 殿下益勤艱艱之念, 存養於不覩不聞, 省察於莫見莫顯, 于以立天下之大本, 達天下之大用, 而致中和之極功, 則政無不擧, 弊無不革, 而參天化育之治, 可坐而致矣. 其於數事, 何足慮哉?

臣謹對.

---

168 하늘이……것: ≪중용·천하지성장(天下至誠章)≫에 "만물의 본성을 온전히 다하도록 할 수 있어야 천지의 화육을 도울 수 있으며, 천지의 화육을 도울 수 있어야 천지와 함께 참여할 수 있게 된다.(能盡物之性, 則可以贊天地之化育; 可以贊天地之化育, 則可以與天地參矣.)"라는 글귀가 있다.

단계 선생 전기
丹溪先生傳

추강(秋江) 남효온(南孝溫)[169]

하위지(河緯地)는 자가 천장(天章)이고 선산 사람으로 세종(世宗) 통치 기간에 장원급제[170]하였다. 사람됨이 침착하고 조용하고 과묵하였으며, 입으로는 법도에 맞지 않는 말을 하지 않았으며[171], 공손하고 예의가 있었다. 대궐 앞을 지날 때면 반드시 말에서 내렸고, 비록 비가 내려 길바닥에 괸 물이 있어도 가던 길을 피한 적이 없었다. 항상 집현전에 있으면서 경연(經筵)에서 왕을 모심에 있어 모자라는 것을 보충하고 잘못된 것을 바로잡는 바가 많았다.[172] 노산군(魯山君)[173]이 어려서 보위를 이었을 때[174] 여덟 공자들

---

169 남효온(南孝溫): 1454(단종2)~1492(성종23). 조선 전기의 문신으로 본관은 의령(宜寧), 자는 백공(伯恭), 호는 추강(秋江)·행우(杏雨)·최락당(最樂堂)·벽사(碧沙), 생육신의 한 사람이다. 김종직(金宗直)의 문인으로 김굉필(金宏弼)·정여창(鄭汝昌) 등과 동문수학하였다. 인물됨이 영욕을 초탈하고 지향이 고상하여 스승인 김종직이 이름을 부르지 않고 '우리 추강'이라 할 만큼 존경하였던 것으로 전해진다.

170 장원급제: 세종 20년(1438) 식년문과에 장원으로 급제한 것을 말한다.

171 입으로는……않았으며: ≪효경(孝經)·경대부장(卿大夫章)≫에 "이런 까닭에 법도에 맞지 않으면 말하지 않고, 도리에 맞지 않으면 행하지 않았다. 입으로는 법도에 맞지 않는 말을 하지 않고 몸으로는 도리에 맞지 않는 행동을 하지 않았다.(是故非法不言, 非道不行. 口無擇言, 身無擇行.)"라는 글귀가 있다.

172 집현전에……많았다: 단종 2년(1454) 집현전부제학으로 있으면서 경연에서 시강관(侍講官)으로 왕에게 경전과 역사를 강론한 일을 가리킨다.

173 노산군(魯山君): 조선시대 단종(端宗)이 세조에게 왕위를 빼앗기고 신분이 격하되었을 때에 붙여진 호칭이다.

174 어려서……때: ≪서경·대고(大誥)≫에 "크게 생각해보건대 나 어린 사람이 끝없이 큰 운명과 일을 계승하였다.(洪惟我幼冲人, 嗣無疆大歷服.)"라는 글귀가 있다.

은 세력이 강하였고 민심은 흉흉하였다. 박팽년(朴彭年)[175]이 일찍이 하위지에게 도롱이를 빌려주자 시를 지어 답하여 보냈다.

남아의 성공과 실패는 예나 지금이나 같으니
男兒得失古猶今
머리 위엔 밝은 해가 아주 환하게 떠 있네
頭上分明白日臨
도롱이를 보내준 데는 마땅히 뜻이 있을 터
持贈蓑衣應有意
안개비 내리는 오호에서 사이좋게 만나자는 것[176]
五湖烟雨好相尋

이는 아마도 시국을 가슴아파한 것이었다. 김종서(金宗瑞)[177]를 주살하고 광묘(光廟: 세조, 수양대군)가 수상(영의정)이 되자 조정에 나갈 때 입던 예복

---

175 박팽년(朴彭年): 1417(태종17)~1456(세조2). 조선 전기의 문신·학자로 본관은 순천(順天), 자는 인수(仁叟), 호는 취금헌(醉琴軒), 시호는 충정(忠正)이다. 집현전 학사 출신으로 사육신의 한 사람이다.

176 이상 두 구절은 박팽년이 하위지에게 도롱이를 보낸 데는 은둔하여 오호(五湖)에서 서로 만나자는 뜻이 담겨 있음을 말한 것이다. ≪국어(國語)·월어하(越語下)≫에 따르면, 오호는 춘추시대 월(越)나라 범려(范蠡)가 구천(句踐)을 도와 오(吳)나라를 멸망시킨 뒤 가벼운 배에 서시(西施)를 태우고 떠나갔다는 고사가 얽힌 곳이다. 박팽년과 하위지 두 사람 모두 어지러운 세상을 버리고 은둔하고 싶은 심경이 담겨 있지만, 하위지는 유학자로서의 의리를 저버리지 않은 채 세상에 숨지 않고 거사에 가담하여 형장의 이슬로 사라져 사육신의 반열에 이름을 올렸다.

177 김종서(金宗瑞): 1383(우왕9)~1453(단종1). 조선 전기의 문신으로 본관은 순천(順天), 자는 국경(國卿), 호는 절재(節齋), 시호는 충익(忠翼)이다. 육진(六鎭) 개척의 수장으로 강직하고 위엄을 갖춘 관료이자 ≪고려사(高麗史)≫와 ≪고려사절요(高麗史節要)≫의 편찬 책임자이기도 하였지만, 문종의 유촉을 받은 고명대신(顧命大臣)으로 단종을 보필하다 계유정난(癸酉靖難) 때 제거되었다.

을 다 팔아 치우고 전직 사간(司諫)의 신분으로 선산에 물러가 살았다. 수양대군이 주상(단종)에게 아뢰어 좌사간(左司諫)으로 임명하고 교지를 내려 부르자 하위지는 글[178]을 올렸는데 그 개략적 내용은 이러하였다.

> 신이 신병이 깊어 오래도록 회복하지 못하고 있던 차에 특별히 부르심을 입었는데, 등급을 뛰어넘어 좌사간의 직책을 제수하시면서 기존 정치의 폐해를 없애고 쇄신하라는 뜻으로 깨우쳐주셨습니다. 지금 간신히 병든 몸을 추스르고 출발하였는데, 불행하게도 길을 나선 날 추위에 시달리고 바람을 맞았더니 예전부터 앓고 있던 증세가 갈수록 악화되어 심해질 뿐 차도가 없었습니다. 비록 병든 몸을 추스르고자 하였지만 되지 않아 고개를 들고 신음하며 대궐을 연모하는 마음에 눈물을 흘리며 울었습니다.
>
> 신이 제 나름대로 생각하옵건대 최근에 발생한 변고는 역사책에서 보기 드문 일이옵니다. 혹은 국정을 보필해야 할 고명대신(顧命大臣)으로 혹은 종실의 지친인 숙부로서 모두 국가와 고락을 함께해야[179] 함에도, 무도함의 심하기가 이런 지경에까지

178 글: 1453년 10월 계유정난 이후 하위지를 좌사간으로 불렀을 때 신병을 이유로 부임하지 못한다는 뜻을 담아 올린 상소문인 <사좌사간소(辭左司諫疏)>를 가리킨다.

179 국가와 고락을 함께해야: 국가의 중요한 신하를 '휴척(休戚)의 신하'라고 한다. 휴(休)는 '기쁨·안락', 척(戚)은 '걱정·근심'이란 뜻이다. '우락(憂樂)의 신하'라고도 하는데, 나라와 함께 기쁨과 괴로움을 같이 하는 신하라는 뜻이다. 나라가 태평할 때는 영예를 누리지만 나라가 위기에 빠지면 목숨을 던지는 신하를 지칭하는 말이다. 고려와 조선의 국왕들은 신하들에게 "경은 국가와 휴척(休戚)을 함께 하는 사람"이라는 말을 자주 썼는데, 이는 신하들에게 영예를 주는 동시에 높은 수준의 책무를 요구해 압박을 가하는 뜻이기도 하였다.

이르렀으니 차마 귀로 들을 수조차 없사옵니다. 그러나 지나간 일은 어떻게 할 수 없으니 논한들 무슨 도움이 있겠사옵니까?

권세를 쥐고 있는 간신들을 제거하는 것은 예로부터 어려웠거니와 그 뒤에 따라오는 일들은 더 어려운 법이옵니다. 기존 정치의 폐해를 없애고 쇄신하고자 하는 등극 초기에는 마땅히 앞날을 걱정하며 장기적인 안목으로 널리 도모하고 깊이 계산하여 혹시라도 우유부단하거나 구차하게 대충대충 넘어가지 마실 것이며, "무슨 손상을 끼치고 무슨 해가 되겠는가?"라고 하지 마실 것이며, 나태하게 예전의 공적을 아무렇지도 않게 여겨 후회를 끼치지 마실 것이며, 생각이 있는 사람들로 하여금 하고픈 말을 다하기를 꺼려하게 함으로써 임금의 형세가 구속되게 하여 임금의 밝으심이 막혀 가려지는 일이 없도록 하셔야 하옵니다. 다시 서리를 밟듯이 조짐을 미리 알아 후일을 대비하고[180] 뽕나무 뿌리에 잡아매듯이 사전에 위태로워질 것을 염려하여 안일에 빠지지 않는[181] 계책을 생각하시어 왕실을 더욱 신장시키고 내치를 더욱 엄하게 하시며, 권력의 문호를 더욱 막고 미심쩍어할 만한 일을 더욱 없애고 붕당을 지어 아부하는 싹을 더욱 근절시키시옵소서.

---

180 서리를……대비하고: 원문은 "이상(履霜)"을 옮긴 것으로 ≪주역·곤괘(坤卦)≫ 초륙(初六) 효사(爻辭)에 "서리를 밟으면 장차 단단하게 굳은 얼음이 얼 것임을 안다.(履霜, 堅冰至.)"라는 글귀가 있는데, 조짐을 미리 알고 후일을 대비하는 것을 비유한다.

181 뽕나무……않는: 원문 "포상(苞桑)"을 옮긴 것으로 ≪주역·비괘(否卦)≫ 구오(九五) 효사에 "망할 것이다, 망할 것이다 하여 뽕나무 뿌리에 잡아맨다.(其亡其亡, 繫于苞桑.)"라는 글귀가 있는데, 제왕이 늘 사전에 위태로워질 것을 염려하여 스스로 안일에 빠지지 않고 근본을 튼튼히 함으로써 국가를 견고하게 지탱하는 것을 비유한다.

원하옵건대 오늘날 국정 보필의 책임을 맡은 자는 더욱 태보(太保)와 태부(太傅)[182]의 도리를 다하여, 성상(聖上)의 기체(氣體)가 날로 강건하고 성상의 학문이 날마다 진보하며 성상의 덕이 조속히 성숙하도록 해서 만 가지 정무를 친히 살피시어 갓난아이 같은 백성들의 여망을 위로하도록 해주시옵소서.

전하께서도 마땅히 귀를 활짝 여시어 직언을 받아들이시며, 강직한 신하를 가까이하시고 아첨하여 남을 모함하는 자들을 멀리하시며, 국정을 보필하는 대신들을 삼가 중히 여기시고 어려움에 처한 국운을 잘 구제하시어 위대한 문종(文宗) 선왕(先王)의 소망에 부응하셔야 하옵니다. 반면에 한갓 스스로 겸양하시어 "나 어린 사람이 어찌 감당하겠느냐?"라고만 하셔서는 아니 되옵나이다.[183]

세조가 선위(禪位)를 받자 교서를 내려 벼슬길로 나오기를 매우 간곡하게 청하였다. 하위지가 부르심에 나아가니 예조참판에 임명하고 몹시 총애하였다. 하위지는 상왕(단종)이 젊은 춘추에 왕위를 넘겨준 것을 안타깝게 여기고, 국록을 먹는 것을 부끄럽게 여겨 참판이 된 이후로는 받은

---

182 태보(太保)와 태부(太傅): 본래 왕세자의 교육을 담당하는 관리였으나 국왕을 보필하는 중신을 가리키기도 하였다.

183 이 부분은 "진실로 마땅히 성스러운 들으심을 열고 넓히시어 선제(先帝)의 남기신 덕을 빛내며 뜻있는 선비들의 사기를 키워주셔야 하며, 함부로 스스로를 가벼이 여기시고 이끌어 비유하시는 것이 도리를 잃어 충간하는 길을 막지 않으셔야 합니다.(誠宜開張聖聽, 以光先帝遺德, 恢弘志士之氣; 不宜妄自菲薄, 引喩失義, 以塞忠諫之路也.)" "어진 신하를 가까이하고 소인을 멀리한 것이 전한(前漢)이 융성하였던 까닭이고, 소인을 가까이하고 어진 신하를 멀리한 것이 후한(後漢)이 기울어져 무너진 까닭입니다.(親賢臣, 遠小人, 此先漢所以興隆也; 親小人, 遠賢臣, 此後漢所以傾頹也.)"라고 한 제갈공명의 <출사표(出師表)>와 글의 취지나 표현이 매우 흡사하다.

녹을 별도로 한 방안에 쌓아두고 먹지 않았다. 병자년(1456)의 변고에 성삼문(成三問)[184] 등에게 불로 지지는 낙형(烙刑)으로 고문하고, 그 차례가 하위지에 이르자 그는 이렇게 말하였다.

> 대체로 사람에게 반역의 이름이 있으면 여타 징역형이나 유배형에 비할 것이 아니니 다시 무슨 죄라고 물을 것이 있는가? 이미 나에게 반역이라는 이름을 씌웠으니 그 죄는 죽여 마땅할 터 다시 무엇을 묻는가?

그러자 주상(세조)의 노여움이 누그러져 불로 지지는 낙형은 행하지 않았다. 성삼문 등과 같은 날에 죽었다. 세종께서 인재를 양성하시어 문종 때에 이르러 가장 많았는데, 그 당시의 인물을 우러러 논함에 있어 하위지를 으뜸으로 꼽았다.

河緯地, 字天章, 善山人, 世宗朝壯元. 爲人沈靜寡默, 口無擇言, 恭而有禮. 過闕必下馬, 雖雨潦, 不曾避路. 常在集賢殿, 侍經幄多所裨正. 及魯山嗣位幼冲, 八公子強盛, 人心洶洶. 朴彭年嘗借蓑衣於緯地, 以詩答寄曰: "男兒得失古猶今, 頭上分明白日臨. 持贈蓑衣應有意, 五湖烟雨好相尋." 蓋傷時也. 及誅金宗瑞, 光廟爲首相, 盡賣朝服, 以前司諫退居善山. 光廟白上, 拜爲左司諫, 下教徵之, 緯地上書略曰:

---

184 성삼문(成三問): 1418(태종18)~1456(세조2). 조선 전기의 문신·학자로 본관은 창녕(昌寧). 자는 근보(謹甫)·눌옹(訥翁), 호는 매죽헌(梅竹軒), 시호는 충문(忠文)이다. 집현전 학사 출신으로 목숨을 바쳐 신하의 의리를 지킨 조선 제일의 충의(忠義) 인물이며 사육신(死六臣)의 한 사람이다

"臣疾病纏綿, 久未平復, 特蒙召還, 超授左司諫之職, 諭以更始之意. 今力疾就道, 不幸就道之日, 冒寒中風, 舊證轉劇, 有加無減. 雖欲力疾, 又不可得, 仰首呻吟, 戀闕流涕云云."

又曰: "臣竊念近日之變, 簡策所罕, 或受遺輔政, 或叔父懿親, 皆與國同休戚, 而不道之甚, 乃至於此, 不可忍聞. 然往者無及, 論之無益."

又曰: "除權奸自古爲難, 繼其後者爲尤難. 更始之初, 所宜長慮卻顧, 廣謀熟計, 毋或依違苟且, 毋曰何傷何害, 毋怠前功而貽後悔, 毋使有悔[185] 者憚於盡言, 而主勢有所拘束, 或成壅蔽也. 更思履霜苞桑之計, 益張公室, 益嚴內治, 益杜權門, 益去可嫌之事, 益絶朋附之漸."

又曰: "願今日任輔政之責者, 庶幾益盡保傅之道, 使聖體日康, 聖學日就, 聖德速成, 親萬機以慰赤子顒顒之望."

又曰: "殿下亦宜開張聰聽, 延納讜論, 親骨鯁遠讒佞, 敬重輔政大臣, 克濟艱難之運, 以副文宗皇考之望; 不宜徒自謙抑曰: '予幼子何敢而已也云云.'" 光廟受禪, 敎書請致益勤, 緯地就召, 拜禮曹參判, 甚寵幸焉. 緯地憐 上王年富而避位, 恥食祿, 自參判以後, 別貯一室而不食. 及丙子之變, 施烙刑三問等, 次及緯地, 緯地曰: "夫人有返逆之名, 非他徒流之比, 更問何罪? 旣加我反逆之名, 其罪應誅滅矣, 夫復何問?" 上怒弛, 不施烙刑, 與成三問等同日死. 世宗養育人材, 至文廟時方盛, 尙論一時人物, 推緯地爲首.

---

185 悔: 문맥상 ≪단계선생유고≫에 실린 <사좌사간소(辭左司諫疏)>에 따라 "회(懷)"자로 보는 것이 타당하다고 생각되어 번역문에 이를 반영하여 옮겼다. 아마도 바로 앞 구절의 끝 글자에 연루되어 "회(悔)"자로 잘못 쓴 것으로 보인다.

하위지는 자가 천장(天章)이다. 세종 무오년(세종20, 1438)에 장원급제로 발탁되어 집현전(集賢殿) 부수찬(副修撰)에 임명되었으며 사가독서(賜暇讀書)를 받았다. 세종 때 박인수(朴仁叟: 朴彭年), 성근보(成謹甫: 成三問), 유태초(柳太初: 柳誠源), 이백고(李伯高: 李塏), 하천장 등은 다 일시에 이름을 떨친 동배들이었는데, 모두 박인수를 집대성자로 추켜세웠다. 성현(成俔)의 ≪용재총화(慵齋叢話)≫에 나온다. (河緯地, 字天章, 世宗戊午擢壯元郎, 拜集賢殿副修撰, 賜暇讀書. 世宗時, 朴仁叟、成謹甫、柳太初、李伯高、河天章皆擅名一世儕輩, 皆推朴仁叟爲集大成. 出慵齋成俔叢話.

단계 선생 전기
丹溪先生傳

인재(忍齋) 최현(崔晛) 지음

선생은 존함이 위지(緯地)이고 자가 천장(天章)이다. 대대로 진주(晉州)에서 살았으며, 존함이 담(澹)인 부친 때부터 선산 연봉리(延鳳里)에서 살기 시작하였다. 선생은 침착하며 조용하고 말수가 적었으며, 부지런히 학문에 힘쓰고 예를 좋아하였다.

세종 통치 기간에 생원으로 문과에 장원급제하여 집현전에 선임되었다. 박팽년, 성삼문, 신숙주(申叔舟)[186], 최항(崔恒)[187] 등 제공(諸公)들과 경연에서 임금을 가까이서 모시고 바르게 보필한 것이 많았다. 노산군이 보위에 있던 계유년(1453)에 직제학(直提學)으로 휴가를 청하여 고향으로 돌아와 노년을 마치고자 하는 뜻을 품었다. (수양대군이) 김종서 등을 주살하고 좌사간으로 부르자 길을 떠나려고 하다가 신병으로 사양하고, 글을 올려 왕이 조짐을 알고 미리 후일을 대비하며 스스로 안일에 빠지지 않음으로써 국가를 견고하게 지탱해야 한다는 계책을 극구 간언하였다. 을해년(1455)에 세조가 선위를 받고 상왕(단종)에게 아뢰어 교지를 내려 매우 간곡하게 벼슬길로 나오도록 청하였다. 선생이 부르심을 받고 나아가니 예조참판에 임명하였는데, 상왕이 왕위를 내려놓은 것을 안타깝게 여겼다. 병자년(1456) 5월에 김질(金礩)[188]과 정창손(鄭昌孫)[189]이 반역을 고발한 일로 말

---

186 신숙주(申叔舟): 1417(태종17)~1475(성종6). 조선 전기의 문신·학자로 본관은 고령(高靈), 자는 범옹(泛翁), 호는 보한재(保閑齋)·희현당(希賢堂), 시호는 문충(文忠)이다. 영의정을 지냈으며 4차례 공신의 반열에 올랐던 인물로 뛰어난 능력의 소유자이지만 계유정난 이후 세조 편에 선 변절자의 낙인도 찍혀 있다.

187 최항(崔恒): 1409(태종9)~1474(성종5). 조선 전기의 문신·학자로 본관은 삭녕(朔寧), 자는 정보(貞父), 호는 태허정(太虛亭)·동량(幢梁)이다. 훈민정음 창제와 ≪경국대전≫ 편찬에도 간여하였으며, 계유정난 때 세조 편에 선 공으로 우의정, 좌의정, 영의정 등 요직을 두루 역임하였다.

188 김질(金礩): 1422(세종4)~1478(성종9). 조선 전기의 문신으로 본관은 안동(安東), 자는 가안(可安), 호는 쌍곡(雙谷), 시호는 문정(文靖)이다. 성삼문과 박팽년(朴彭年) 등 집현전 학사와 함께 단종 복위를 꾀하다가 변절하여 1456년 장인인 정창손과 함께 세조에게 고변해 사육신 사건을 불러온 인물이다.

189 정창손(鄭昌孫): 1402(태종2)~1487(성종18). 조선 전기의 문신으로 본관은 동래(東萊). 자는 효중(孝仲), 시호 충정(忠貞)이다. 단종 복위에 가담하였다가 사위 김질과 함께 세조에게 고변한 것으로 유명하며, ≪고려사≫, ≪세종실록≫, ≪치평요람(治平要覽)≫ 등의 편찬에 참여하였다.

미암아 박팽년, 이개(李塏)[190], 성삼문, 유성원(柳誠源)[191], 유응부(兪應孚)[192] 등과 함께 여섯 분이 같은 날에 죽었다.

선생은 이름이 연(璉)인 아들이 한 명 있어 생원에 급제하였으며, 삼가 집안에서의 일상생활에 품행이 있었는데 부친의 죄에 연좌되어 주살되었다. 체포되던 날 조용히 집안일을 처리하고 사당에 절하고 나서 하직하였다. 딸은 이유의(李由義)에게 시집갔는데 출가하였기 때문에 겨우 화를 면하였다. 이유의에게도 딸이 있었는데 현감인 김중경(金仲慶)에게 시집갔다. 김중경의 후손이 선생의 외손으로 묘를 지키고 사당을 세워 제사를 받들었다.

先生諱緯地, 字天章. 世居晉州, 考諱澹, 始居善山延鳳里. 先生沈靜寡言, 勤學好禮.

英廟朝, 以生員擢文科壯元, 選補集賢殿. 與朴彭年、成三問、申叔舟、崔恒諸公昵侍經幄, 多所裨正. 魯山癸酉, 以直提學乞暇下鄕, 有終老之志. 及誅金宗瑞等, 徵以左司諫, 登道辭以疾, 上書極諫履霜苞桑之計. 乙亥, 光廟受禪, 白上王下敎, 請致甚懇. 先生就召, 拜禮曹參判, 憐上王避位. 丙子五月, 與朴彭年、李塏、成三問、柳誠源、兪應孚等, 因金礩、鄭昌孫上變

---

190 이개(李塏): 1417(태종17)~1456(세조2). 조선 전기의 문신·학자로 본관은 한산(韓山)이며 이색(李穡)의 증손이다. 자는 청보(淸甫)·백고(伯高), 호는 백옥헌(白玉軒), 시호는 의열(義烈)·충간(忠簡)이다. 집현적 학사 출신으로 사육신의 한 사람이다.

191 유성원(柳誠源): ?~1456(세조2). 조선 전기의 문신으로 본관은 문화(文化), 자는 태초(太初), 호는 낭간(琅玕), 시호는 충경(忠景)이다. 단종을 위해 순절한 사육신의 한 사람이다.

192 유응부(兪應孚): ?~1456(세조2). 조선 전기의 문신이자 장군으로 본관은 기계(杞溪), 자는 신지(信之), 호는 벽량(碧梁), 시호는 충목(忠穆)이다. 단종 복위의 행동책으로 활약하다 순절한 사육신의 한 사람이다.

告，六人同日死.

先生有一子曰璉，中生員，謹有家行，連坐被誅. 被拿之日，從容處置家事，拜辭于祠堂. 有女適李由義，以出家僅免. 李又有女適縣監金仲慶，仲慶之後以先生外孫，守舊墓，立廟奉祀.

단계 선생 묘갈명
丹溪先生墓碣銘

선생은 존함이 위지이고 자는 천장이다. 하씨(河氏)는 관향이 진양(晉陽)이었는데 선대에 선산으로 이주하였다. 부친은 존함이 담(澹)이고 청송군사(靑松郡事)를 지냈다. 조부 이상 선조에 대해서는 다 기록하지 않는다. 선생은 선산부(善山府) 내의 연봉리에서 성장하였는데, 어렸을 때 자그마한 재실(齋室)을 하나 마련하고 형제들과 함께 거처하였는데, 문을 닫고 책을 읽었으므로 사람들은 그의 얼굴을 보지 못하였다.

세종 무오년(세종20, 1438)에 선생은 장원급제하여 집현전에 선임되어 있으면서 늘 경연에서 임금을 보필하였다. 문종(文宗) 때에 선생은 집현전에 있는 것으로 말미암아 명을 받들어 유학에 조예가 깊은 여러 신하들과 ≪역대병요(歷代兵要)≫를 편찬하였다. 그 책이 완성되자 세조가 수양대군으로서 임금에게 아뢰어 편찬에 참가한 모든 신하들에게 직위와 녹봉을 올려줄 것을 주청하여, 선생은 중훈대부(中訓大夫)에서 중직대부(中直大夫)로 승급되자[193] 홀로 품계를 올려주자는 주청을 극구 사양하기를 마지아니하였으므로 집의(執義)에서 교체되어 직제학(直提學)이 되었다. 이에 신병을 들어 온천에 가서 목욕할 것을 청하고 고향으로 내려갔다. 김종서와 황보인(皇甫仁)[194] 등이 죽임을 당하자, 선생은 조정으로 돌아갈 뜻이 없었다. 좌사간(左司諫)으로 부름을 받음에 겨우 길에 올랐다가 신병 때문에 나아가지 못하게 되자 그로 말미암아 글을 올려 마음속으로 품은 뜻을 말하였는데, 조짐을 알고 미리 후일을 대비하며 스스로 안일에 빠지지 않고 국가의 근본을 튼튼하게 함으로써 내치를 더욱 엄하게 하고 권문세가를 막아야 한다는 등의 말로 은근한 뜻을 다하였다. 대체로 바라는 것이 간절하고 염려하는 바가 깊었기 때문이었다.

을해년(세조1, 1455)에 세조가 선위(禪位)를 받자 선생은 부름에 나아가 예조참판(禮曹參判)이 되었는데 그 뜻은 본래 다른 데 있었다. 받은 녹봉을 따로 비축해 두었는데, 이듬해 병자년(1456)에 김질이 반역을 고발한 일로 말미암아 박팽년, 성삼문, 이개, 유성원, 유응부와 같은 날 주살되었다. 아! 이것이 선생의 처음과 끝이다.

선생의 묘는 선산부 서쪽 고방산(古方山) 언덕에 있으며, 부인 김씨(金氏)와 유택(幽宅)을 함께하였다. 예전에 나지막한 비갈(碑碣)이 있었으나, 왜

---

193 중훈대부……승급되자: 조선이 건국된 직후인 1392년(태조1) 7월에 제정되어 ≪경국대전(經國大典)≫에 수록된 문관의 품계에 따르면, 종3품 상계(上階)가 중직대부(中直大夫)이고, 하계(下階)가 중훈대부(中訓大夫)이다. 따라서 원문에 "중직대부에서 중훈대부로 승급시켰다(以中直陞中訓)"라고 되어 있는 것은 잘못으로 생각되어 ≪여헌선생문집(旅軒先生文集)≫ 권12에 <하선생묘갈명(河先生墓碣銘)>이라는 제목으로 실린 같은 글에 따라 바로잡아 번역하였다.

194 황보인(皇甫仁): 1387(우왕13)~1453(단종1). 조선 전기의 문신으로 본관은 영천(永川), 자는 사겸(四兼)·춘경(春卿), 호는 지봉(芝峰), 시호는 충정(忠定)이다. 김종서(金宗瑞)와 더불어 육진(六鎭) 개척에 큰 공을 세웠으며 영의정으로 단종을 보필하다가 계유정난 때 함께 피살되었다.

구(倭寇)가 선산부를 점거하였을 때 쓰러뜨려져 부서짐을 면하지 못하였다. 지금 선생의 외 5세손인 김곤(金崑)이 다시 세우려고 계획함에 있어 예전에 새겨 놓았던 비문을 잃어버렸기에 새 글을 얻어 게시하고자 원하였다. 아! 선생의 사업은 해와 달과 같아 광채가 저절로 빛나니 어찌 말을 기다릴 필요가 있겠으며, 하늘과 땅이 알고 있으니 또 어찌 글로써 사람들에게 보일 것이 있겠으며, 게다가 범상한 필력으로 어찌 그 만분의 일이라도 떨쳐 일으킬 수 있겠는가? 감히 할 수 없다고 사양하자, 김군의 말이 "앞 사람이 비석을 이미 세웠고 받침돌이 아직 남아 있으니 결코 복원하지 않을 수 없다."라고 하였다. 그러고는 멈추지 않고 여러 차례 찾아왔는데, 그 청이 갈수록 더욱 확고하였기 때문에 감히 그 전하여 들은 바를 대략 서술하게 되었다.

▲ 단계 선생 묘지(≪월암서원지≫에서 전재)

선생의 아름다운 덕행으로 세상 사람들의 가르침이 될 만한 것이 어찌 한두 가지 뿐이겠는가? 그러나 집안이 몰락당하여 전하는 것이 없고 오직 추강(秋江) 남효온(南孝溫)의 ≪육신전(六臣傳)≫만이 세상에 전해지고 있을 뿐이다. 거기에서 선생을 일컬어 "사람됨이 침착하고 조용하고 과묵하였으며, 입으로는 법도에 맞지 않는 말을 하지 않았다."라고 하였고, 또 "세종께서 인재를 양성하시어 당시에 한창 가장 많았는데, 그때의 공론이 선생을 으뜸으로 추켜세웠다."라고 하였는데, 이로써 또한 선생의 대략에 대해 충분히 알 수 있을 것이다. 아마도 평소의 수양을 통해 수립된 것이 본디 근본이 있었기 때문에 궁극적으로 완성되어 나와 바로 이 큰 절의(節義)를 가지게 된 것이 아닐까 한다.

선생의 형 하강지(河綱地)는 선생보다 먼저 과거에 급제하였고, 아우 하기지(河紀地)는 선생과 함께 대과(大科)에 급제하였으며, 막내아우 하소지(河紹地)는 생원(生員)이었다. 선생은 아들 하련(河璉)이 있었는데, 역시 생원이었으며 연좌되어 선생과 함께 화를 당하였다. 딸은 이유의(李由義)에게 시집갔으며, 이유의의 사위는 현감(縣監) 김중경(金仲慶)이었는데 김곤(金崑)은 곧 그의 증손이다. 김곤이 이 비석을 세울 때 홍서익(洪瑞翼) 공이 이 고을 수령(선산부사)으로 있으면서 많은 도움을 주어 성사시키도록 하였고, 또 묘지기 노복 약간 명을 두어 대대로 지키게 하였으며, 또 김곤의 서자와 조카 네 명에게 (조세와 부역을 면제해주고) 향불 받드는 일을 맡게 하였으니, 유념하면서 도와주는 소이가 또한 정성스러웠다. 비석을 세운 것은 만력(萬曆) 44년(1616) 여름 4월이었다. 명(銘)은 이러하다.

군자가 변고에 처하여 하는 일이 있으니	君子有處變事業
무릇 하나의 의리를 성취하는 것이다	蓋亦成就一箇義
하고자 하는 바가 사는 것보다 더함이 있으면	所欲有甚於生
사는 것도 버릴 수 있으며	生可捐棄
싫어하는 바가 죽는 것보다 더함이 있으면	所惡有甚於死

죽는 것도 회피하지 않는 법　　死不違避

몸은 도끼에 기름칠이 되었으나　　身膏鈇鉞

공은 사람이 지켜야 할 도리에 남아 있다　　功在綱常

넉 자의 황폐한 무덤이　　四尺荒封

사람의 머리털을 꼿꼿이 세우고 뼛골을 시리게 하는데　　令人髮竪而骨凜

여기가 선생의 의관을 간직한 곳　　是先生衣冠之藏

옥산(玉山) 장현광(張顯光)이 짓고, 덕수(德水) 사람 이경절(李景節)[195]이 쓰다.

先生諱緯地, 字天章. 氏貫晉陽籍, 先世來居善山. 考諱澮, 靑松郡事, 王考以上, 莫之記. 先生生長于府底延鳳里, 幼時置一小齋, 與兄弟共處, 杜門讀書, 人不見其面.

世宗戊午, 先生擢壯元, 選居集賢殿, 常補拾經幄. 文宗時, 先生因在集賢殿, 奉命與諸儒臣撰歷代兵要. 成, 光廟以首陽大君, 啓請加撰集諸臣職秩, 先生以中直陞中訓, 獨啓以加秩之請, 堅辭不已, 則遞執義爲直提學. 遂呈病乞浴溫井而下鄕. 及金宗瑞、皇甫仁等見誅, 無意還朝. 至徵以左司諫, 纔登道病不赴, 仍上書陳懷: 以履霜苞桑, 嚴內治杜權門等語, 致慇懃

195 이경절(李景節): 1571(선조4)~1640(인조18). 조선 중기의 학자로 본관은 덕수(德水), 자는 길보(吉甫)이며, 이이(李珥)의 조카이다. 서인(西人) 계열의 인물로 광해군의 폐모론(廢母論)에 반대하여 고향 선산으로 돌아가서 야인 생활을 하기도 하였다. 인조반정(仁祖反正) 이후 여러 관직을 거치며 치적을 남겼고, 병자호란이 일어나자 향인들을 규합하여 의병을 일으켜 의병장으로 활약하였다.

焉. 蓋望之者切, 慮之者深也.

乙亥, 光廟受禪, 先生就召爲禮曹參判. 其志則固有在也. 所賜祿別儲, 而明年丙子, 因金礩上變, 與朴彭年、成三問、李塏、柳誠源、兪應孚, 同日受誅. 嗚呼! 此惟先生之始終也.

先生之墓, 在府西古方山之原, 夫人金氏同其宅. 舊有小碣, 倭寇據府, 不免仆碎. 今先生外五代孫金崑, 爲復竪之計, 而失其舊刻之文, 願得新詞以揭之. 噫! 先生事業, 日月如也, 光餤自赫, 其何待於言乎? 天地知之, 又何用文詞以示人哉? 且以尋常筆力, 豈得發揚其萬一歟? 辭以不敢, 則金君之言曰: “前人旣碑之, 砆石猶在, 決不可不復.” 遂屢來莫停, 其請愈堅, 故敢略敍其所傳聞者矣.

至於先生懿行可爲世敎, 夫豈一二哉? 而家沒無傳焉. 惟南秋江傳六臣行于世. 稱“先生沈靜寡默, 口無擇言.” 又曰: “世宗養育人才, 在當時方盛, 當時之論, 惟先生爲首.” 此亦足以槩知者. 豈樹立於素養者, 固有其根本, 故做出於畢竟者, 乃有此大節也哉!

先生之兄綱地, 先先生登第; 弟紀地, 與先生同榜; 季弟紹地, 生員. 有子曰璉, 亦生員, 並坐於禍. 有女適李由義, 李之壻曰縣監金仲慶, 崑卽其曾孫. 崑之爲是碑也, 洪公瑞翼守是邦, 多所施濟以成之; 又出墓僕若干, 以世其守; 又復崑之孼子姪四人, 俾典香火, 其所以留意扶植者亦誠矣. 碑之立, 是萬曆四十四年夏四月也. 銘曰:

君子有處變事業, 蓋亦成就一箇義. 所欲有甚於生, 生可捐棄; 所惡有甚於死, 死不違避. 身膏鈇鉞, 功在綱常. 四尺荒封, 令人髮竪而骨凜, 是先生衣冠之藏.

玉山張顯光撰, 德水李景節書.

단계 하 선생 제문
祭丹溪河先生文

부사 조찬한(趙纘韓)

오호라! 슬프도다! 태산과 같은 높은 산도 깎아낼 수 있고 파헤칠 수 있지만 선생의 뜻은 굽힐 수 없다. 푸른 바다의 돌기둥[196]이라도 눕힐 수 있고 뽑을 수 있지만 선생의 지조는 빼앗을 수 없다.

오호라! 패옥과 긴 옷[197]도 내게는 빛나는 것 아니었고, 황금빛 담비 장식[198]과 높은 품계의 벼슬자리도 내가 꾀할 바 아니었다. 나의 미인(美人)[199]이 여기에 없으니 누구를 위해 얼굴을 다듬을꼬? 먹자니 내가 먹을 곡식이 아니고[200], 입으려니 내게 맞지 않다. 목숨을 무릅쓰고 의리를 위해 죽고 맞닥치는 일마다 마음이 격동하였다.

오호라! 바람과 우박이 쏟아져서 온천지가 부서지고 뒤바뀌며, 천둥과

---

196 돌기둥: 중국 하남성(河南省) 삼문협시(三門陜市) 동쪽을 흐르는 황하(黃河) 가운데 있는 산 모양의 지주(砥柱)로, 황하의 격류 속에서 조금도 흔들리지 않고 우뚝 서 있는 데서 유래한 말이다. 난세에 처하여 의연하게 절개를 지키는 것을 비유하는데, 지금도 '중류지주(中流砥柱)'라는 사자성어로 쓰인다.

197 패옥과 긴 옷: 원문은 "옥패장거(玉佩長裾)"인데, 문무백관들이 조정에 나아가 하례할 때 착용한 패물과 의복으로 벼슬살이하는 것을 가리킨다.

198 황금빛 담비 장식: 원문은 "금초(金貂)"인데, 재상급 관직에 있는 사람의 의복에 장식하던 것으로 높은 벼슬자리를 가리킨다.

199 미인(美人): 임금을 뜻하는 말로 쓰이는데 여기서는 단종(端宗)을 가리킨다.

200 내가……아니고: 백이(伯夷)와 숙제(叔齊)가 주(周)나라 무왕(武王)이 무력으로 은(殷)나라를 치는 것을 반대하여 주나라 곡식을 먹지 않은 것을 가리킨다.

벼락이 두려워서 모든 생명체가 오그라들며, 해와 달이 슬퍼하고 혼과 넋이 나가며, 귀신도 겁이 나서 찡그리고 끙끙대며 머뭇거린다.

오호라! 칼과 톱이나 도끼와 모루도 털끝조차 움직이도록 하지 못하였고, 불타는 산과 끓는 바다도 위협이 되지 않았다. 태연하게 얼굴빛 하나 변치 않고 몸소 독실하게 충렬을 행하여, 목숨을 기러기 털보다 가벼이 하고 의지는 금석보다 더 굳게 하였다. 말이 바르고 의리가 드높아 왕의 노여움도 꺾여버렸다. 몸이 이지러져도 절개를 온전히 하여 다섯 사람과 더불어 육신(六臣)이 되었다.

오호라! 낙동강 물은 굽이치며 흘러도 마를 때가 있고 금오산은 우뚝 높이 솟아 있어도 골짜기가 될 때가 있지만, 그 열렬한 기세는 어찌 꺼질 것인가? 외람되게도 용렬한 재주로 이 고을 수령을 맡고 있는 터에 감히 미천한 정성을 표하여 큰 잔을 바치오니, 엎드려 원하옵건대 영령께서는 강림하여 흠향하시옵소서.

嗚呼哀哉! 泰山喬嶽, 可斲可屈[201], 先生之志, 不可屈也. 穹溟砥柱, 可憑可拔, 先生之操, 不可奪也.

嗚呼! 玉佩長裾, 非我所光, 金貂華秩, 非我所營. 予美亡此, 誰適爲容, 食焉不粟, 服焉不衷. 昧命殉義, 遇觸乃激.

嗚呼! 風雹艴艴, 寰宇碎易, 震霆虩虩, 生類瑟縮, 日月上慘, 收魂晦魄, 鬼神傍慴, 嚬呻躑躅.

201 屈: ≪현주집(玄洲集)≫ 권14에 <제하사간문(祭河司諫文)>이라는 제목으로 실린 같은 글에 “굴(掘)”자로 되어 있다. 문맥상 타당한 것으로 생각되어 이를 번역에 반영하였다.

嗚呼! 刀鋸斧磌[202], 不能動髮, 火山湯海, 不能威爇[203], 從容不色, 蹈烈是篤, 鴻毛益輕, 金石愈確, 辭正義屹, 聖怒攸拗, 虧躬完節, 與五爲六.

嗚呼! 維洛沄沄, 有時而涸. 維烏矗矗, 有時而谷. 維其烈烈, 氣也何熄. 猥以譾[204]劣, 叨宰邦域, 敢揭賤虔, 薦此泂酌, 伏願英靈, 庶賜臨格.

---

202 磌: 의미상 "질(鑕)"자로 되는 것이 좋을 듯하여 번역문에 이를 반영하여 옮겼다. 원문의 "부질(斧鑕)"은 '부질(鈇鑕)'로도 쓰며 '죄인을 죽이는 데 쓰이는 도끼와 쇠 모탕'을 뜻한다. ≪현주집≫에는 "부월(斧鉞)"로 되어 있다.

203 爇: 모양이 비슷한 없는 글자로 잘못 쓰여 있어 이 글자로 바로잡았다.

204 譾: 모양이 비슷한 없는 글자로 잘못 쓰여 있어 이 글자로 바로잡았다.

국역 삼인록(三仁錄)

선산의 세 어진 선비

耕隱李先生實紀

경은 이 선생 실기

비안[205]현감 정중건[206]에게
贈鄭比安仲虔韻

귀댁 주변 맑은 시냇물 꿈속에 많이도 거닐다가	宅邊淸澗夢行多
갑자기 꿈에서 깨어보니 등불 밝은 우리 집일세	俄覺燈明在我家
목소리와 용모 눈앞에 어른거림 슬퍼하는 건	惆愴音容違咫尺
다만 노쇠하여 생긴 병 날로 더 심해지지 때문	只因衰病日來加

205 비안(比安): 의성군의 옛 지명으로 지금 경북 의성군 비안면이다.

206 정중건(鄭仲虔): 생졸년 미상. 김일손(金馹孫)의 전 외조부로 자가 경부(敬夫), 호가 어은(漁隱)이며, 문학에 능했고 절의를 숭상한 인물이다. 계유정난 때 외직을 자청하여 집현전 전한(典翰)에서 비안현감(比安縣監)으로 나갔다가 얼마 안 있어 경은과 함께 선산의 망장촌에 은거했다. 그러면서 경은과 돈독한 교유를 하였고 점필재 김종직과도 가깝게 지냈던 것으로 알려져 있다.

차운하여[207]
次

늙고 병들어 지낸 세월 놀랍게도 오래되어	老兵偏驚歲月多
멍석 두른 가난한 집 누가 다시 찾으랴 여겼더니	席門誰復問貧家
홀연히 책상 위에 바람과 우레 일어나듯	忽然床上風雷動
필적은 여전한데 달빛 아래 이슬마저 더했구려	手迹依然月露加

한나라 역사를 읽고
讀漢史

유학의 도 몹시 미혹하고 어두컴컴해져서	吾道多迷晦
유생들은 온통 겉치장만 일삼고 있다	儒冠總冶容
자운은 유달리 적막하였고[208]	子雲殊寂寞

207 이 시는 정중건(鄭仲虔)이 경은 선생께서 보내 온 시에 차운하여 지은 것이다.

208 자운은……적막하였고: 자운(子雲)은 전한(前漢) 때의 유학자요 문인인 양웅(揚雄, BC 53~AD 18)의 자이다. 양웅은 ≪법언(法言)≫과 ≪태현(太玄)≫ 등의 저술과 뛰어난 사부(辭賦) 작품을 많이 남겼는데, 만년에 적막한 생을 보냈다.

백시는 스스로 중용의 도로 처신하였다[209]	伯始自中庸
육경[210]은 종국에 어디에 쓰였는가?	六籍終安用
삼장[211]도 끝내 지켜지지 않았다	三章竟不從
아득히 천 년 뒤에	悠悠千載下
다시금 와룡 공명[212]을 추억한다	重憶孔明龍

---

209 백시는……처신하였다: 백시(伯始)는 후한(後漢) 때 호광(胡廣, 91~172)의 자이다. 호광은 박학한 학자인 동시에 효렴(孝廉)으로 발탁되어 각종 요직을 두루 거치면서 한나라에서 가장 뛰어난 신하로 알려졌다. 성격 또한 원만하여 환관들과도 잘 지내며 오래도록 관직생활을 하였는데, ≪후한서(後漢書)≫ 권44 그의 전기에 따르면 당시 사람들로부터 "만사가 이치대로 되지 않으면 백시에게 묻고, 천하에서 중용의 도로 가장 처신을 잘한 사람은 호공이다.(萬事不理問伯始, 天下中庸有胡公.)"라는 평판을 받았다고 한다.

210 육경: 육경(六經)은 유학의 기본 텍스트인 여섯 가지 경전으로 ≪시경(詩經)≫, ≪서경(書經)≫, ≪주역(周易)≫, ≪춘추(春秋)≫, ≪주례(周禮)≫, ≪예기(禮記)≫를 가리킨다.

211 삼장: 삼장(三章)은 세 조목의 법률로, 한(漢) 고조(高祖) 유방(劉邦)이 군대를 이끌고 진(秦)나라 도성인 함양(咸陽)에 들어갔을 때 그곳의 원로들과 약정한 것이다. ≪사기·고조본기(高祖本紀)≫에 실려 있다.

212 공명: 제갈량(諸葛亮, 181~234)으로 자가 공명(孔明)이고 호가 와룡(臥龍)이다. 유비(劉備)를 보좌한 촉한(蜀漢)의 승상으로 충신과 지혜로운 인물의 대명사로 일컬어진다.

찬바람에 탁영 김일손[213]에게 답하여

寒風答濯纓馹孫

찬바람이 서북쪽에서 불어오니	寒風西北來
나그네는 고향 생각에 간절하다	客子思故鄉
조용히 긴긴 밤을 함께 지세니	悄然共夜長
등불은 내 책상에서 흔들거린다	燈火搖我床
옛적 도의는 이미 멀어졌고	古道已云遠
단지 높이 나르는 뜬 구름만 보인다	但見浮雲翔
슬프도다! 뜰아래 소나무는	悲哉庭下松
세모가 되어도 더욱 푸르도다	歲晩愈蒼蒼
원컨대 교분 돈독히 하여	願言篤交誼
금옥 같은 모습 잘 보전하시게	善保金玉相

213 탁영: 탁영(濯纓)은 김일손(金馹孫, 1464~1498)의 호인데, 굴원(屈原)의 <어부사(漁父辭)>에 있는 "창랑의 물이 맑으면 내 갓끈을 씻고, 창랑이 물이 흐리면 내 발을 씻는다.(滄浪之水淸兮濯吾纓, 滄浪之水濁兮濯吾足.)"라는 글귀에서 나온 표현이다. 조선 전기의 문신·학자로 본관은 김해(金海), 자는 계운(季雲), 호는 탁영(濯纓)·소미산인(少微山人), 시호 문민(文愍)이다. 김종직의 문인으로 경은 선생도 사사하였다. 김종직의 <조의제문(弔義帝文)>을 사초(史草)에 실은 것이 발단이 되어 무오사화(戊午士禍)로 희생되었지만, 직필의 사관이자 영남 사림파의 중심인물로 자리매김 되었다.

삼가 이 선생께 드린다
敬呈李先生

탁영(濯纓) 김일손(金馹孫)

선생은 재덕을 숨기고 오래도록 보고 듣지 않으셨으니 先生韜晦久盲聾
어린 제가 어찌 그 뜻을 같이할 수 있으리오? 小子何知意欲同
밤마다 두견새는 울고 울어 그칠 줄 모르니[214] 夜夜子規啼不盡
구의산[215] 풍경이 밝은 달빛 속에 아련하옵니다 九疑山色月明中

---

214 두견새는……모르니: 중국 춘추시대 촉(蜀)나라 왕인 망제(望帝)가 죽은 뒤에 두견새가 되었다는 내용의 전설로, 이 새는 울다가 지쳐서 죽은 혼백의 화신이기 때문에 한이 많이 맺힌 것을 비유한다. ≪사기·촉왕본기(蜀王本紀)≫에 관련 내용이 실려 있다. 이 구절은 단종이 영월(寧越)의 관풍헌(觀風軒)에 유폐되어 있을 때 자주 올랐던 자규루에서 읊었다는 <자규사(子規詞)>를 연상케 하는데, 김일손이 단종을 오매불망 그리워하는 경은 선생의 심정을 헤아려 노래한 것이 아닌가 한다. <자규사>는 이러하다. “달 밝은 밤 두견새 울 제, 시름에 젖어 누각에 기대 있는데, 네가 슬피 우니 듣는 나도 괴롭구나. 네가 우는 소리 없었던들 내 시름도 없으련만, 세상에 근심 많은 사람들에게 이르노니, 부디 춘삼월엔 자규루에 오르지 마소.(月白夜蜀魂啾, 含愁情依樓頭, 爾啼悲我聞苦. 無爾聲無我愁, 寄語世上苦勞人, 愼莫登春三月子規樓.)”

215 구의산: 구의산(九疑山)은 구의산(九嶷山)으로도 적으며 창오산(蒼梧山)이라고도 하는데, 중국 호남성(湖南省) 영원시(寧源市) 경내에 있다. 본래 순(舜)임금의 사당이 있던 곳인데 여기서는 단종릉(端宗陵)이 있던 강원도 영월을 가리키는 것으로 생각된다.

회포를 서술하여
述懷

눈은 흐려 어두컴컴해지고 귀는 먹어서	眼欲昏昏耳欲聾
보는 듣는 것이 불민하니 바보와 같다	見聞無敏與癡同下缺

(이하 누락)

누에 치는 아낙네
蠶婦

성안에 누에 치는 아낙네 많은데	城中蠶婦多
뽕잎은 어찌 그리 살져 있는지	桑葉何其肥
비록 뽕잎이 적다고 하지마는	雖云桑葉少
굶주림에 시달리는 누엔 보이지 않는다	不見蠶苦飢
누에가 자랄 땐 뽕잎 넉넉하더니	蠶生桑葉足
누에가 커지니 뽕잎이 드물도다	蠶大桑葉稀
땀 흘리며 조석으로 달리지만	流汗走朝夕
끝내 몸소 입을 옷은 아니다	非終身上衣

계
啓[216]

세종(世宗) 병진(丙辰)

다음과 같이 아뢰옵나이다.

“지화(池和)와 이신(李信)[217]에게 관직과 작위를 제수하신 것에 대하여 신 등은 이렇게 생각하옵니다. 예전에 당태종(唐太宗)[218]이 방현령(房玄齡)[219]에게 일러 다음과 같이 말씀하셨습니다.

‘악공(樂工)과 잡류(雜類)들은 가령 기술이 동류보다 뛰어나다고 하더라도 단지 돈과 비단을 특별히 하사하여 그 재능만 상줄 수 있을 뿐, 필연코 등급을 뛰어넘어 관직과 작위를 수여해서는 안 된다. 조정의 현인군자

---

216 계(啓): 조선시대에 임금의 명을 받아 처리한 신하가 결과를 서술하여 보고한 문서를 가리켰다. 이 글은 세종 18년(1435, 병진년)에 경은 선생이 사간원(司諫院) 우정언(右正言) 재임 시절 지은 것으로 ≪세종실록≫ 18년 10월 5일 정묘(丁卯) 조에 전문이 실려 있다.

217 지화(池和)와 이신(李信): ≪세종실록≫ 18년 10월 5일 정묘 조에 이런 기록이 보인다. “임금이 노한(盧閈) 등의 논의에 따라, 지화(池和)를 중훈(中訓) 검교첨지내시부사(檢校僉知內侍府事)로 삼아 사옹원(司饔院) 사직(司直)의 일을 보게 하고, 이신(李信)을 조산대부(朝散大夫) 검교동첨지내시부사(檢校同僉知內侍府事)로 삼아 사옹원 부사직(副司直)의 일을 보게 하고서 사모(紗帽)와 띠를 내려 주었다.(從閈等議, 以池和爲中訓、檢校僉知內侍府事、行司饔司直, 李信朝散、檢同僉內侍府事、行司饔副司直, 仍賜紗帽與帶.)”

218 당태종(唐太宗): 당나라 제2대 황제 이세민(李世民, 598~649). ‘정관(貞觀)의 치(治)’를 이룬 당나라의 대표적 군주로 제왕학(帝王學)의 경전인 ≪정관정요(貞觀政要)≫를 남겼다.

219 방현령(房玄齡): 579~648. 당태종을 보필한 당나라 창업 공신이자 명재상이다.

들과 어깨를 나란히 하여 서거나 같은 자리에 앉아 식사하도록 하여 사대부들의 수치나 누가 되게 하지 말라.'

지금 지화 등에게 비록 관직과 작위를 수여하였지만 무슨 일로 사무를 맡게 할 수 있겠사옵니까? 게다가 사모(紗帽)[220]와 품대(品帶)[221] 차림으로 조정의 길을 다니면서 사대부 관료들과 나란히 서게 하니 진실로 불편하옵니다. 그 직위를 파하고 단지 월급만 주어서 그 공을 상 주시기를 청하옵나이다."

왕(세종대왕)이 이렇게 말씀하였다.

"그대가 한 말이 진실로 옳긴 하다. 그러나 맹인이면서 관직을 수여받은 것이 지금에서야 시작된 것이 아니고 예로부터 그런 일이 있었다. 게다가 사옹원(司饔院)[222]의 직책은 공인(工人)이나 장사치와 천한 종들도 다 수여받을 수 있었는데, 아마도 모두가 반드시 직무를 맡도록 할 필요는 없을 것이다. 지금 지화 등은 대저 나라의 점치는 일이나 혼인과 관계되는 일에 참여하지 않은 적이 없었으니 어찌 그 공이 없겠는가? 비록 사옹원의 직책을 제수하더라도 의리에 해가 되지는 않을 것이다."

啓曰: "以池和、李信, 除授官爵, 臣等以爲昔唐太宗謂房玄齡曰: '樂工雜類, 假使術逾儕輩, 只可特賜錢帛, 以賞其能, 必不可超授官爵. 與朝賢君子比肩而立, 同坐而食, 毋爲衣冠之恥累.' 今池和等雖授官爵, 何以任其事? 且以紗帽品帶, 行於朝路, 與朝士並立, 誠爲未便. 乞罷其職, 只給月

220 사모(紗帽): 조선시대 문무백관이 관복을 입을 때 갖추어 쓴 모자.
221 품대(品帶): 조선시대 문무백관이 품계에 따라 갖추어 두르던 띠.
222 사옹원(司饔院): 조선시대 정3품 아문(衙門)으로 왕의 식사와 궐내의 음식 공급 등에 관한 일을 관장하였다. "옹(饔)"은 원문에 쓰인 "옹(瓮)"과 같은 글자이다.

料，以賞其功."

上曰："爾之所言，誠是矣. 然盲人而授職，非始於此，自古有之. 且司瓮之職，工商賤隷，皆得以授，恐不必皆任其事. 今池和等，凡干國家卜筮婚姻等事，無不參焉，豈無其功? 雖除司瓮之職，不害於義也."

경은 선생 전기
耕隱先生傳

인재(訒齋) 최현(崔晛)

선생은 성이 이씨(李氏), 존함이 맹전(孟專), 자가 백순(伯純), 호가 경은(耕隱)이다. 대대로 성주(星州) 북면(北面) 명곡촌(椧谷村)[223]에 살았는데, 부친으로 존함이 심지(審之)인 판서공(判書公) 때부터 선산(善山) 남면(南面) 형곡촌(荊谷村)[224][금오산 아래 낙동강 서쪽에 있음]으로 이사하여 살았다. 선생

223 명곡촌(椧谷村): 경은 선생의 5대조 이견간(李堅幹)이 고려 충숙왕 4년(1317) 원(元)나라에 사신으로 갔을 때, 원나라 순황제(順皇帝)가 사는 곳을 물음에 이견간이 살고 있는 마을을 그림으로 그려 바치자 황제가 그림을 보고 지형상 마을에 물이 모자라겠다고 하며 '물을 나무 홈통으로 끌어온다'는 뜻으로 '홈통' 명(椧)자를 써서 마을 이름을 '명곡(椧谷)'으로 지어주었다고 한다. 지금 경상북도 성주군(星州郡) 초전면(草田面) 월곡리(月谷里) 홈실이다.

224 형곡촌(荊谷村): 지금 경상북도 구미시(龜尾市) 형곡동이다.

은 명문가에서 태어나 성장하였으며 일찍이 대과(大科)에 급제하여 한림(翰林)에 선임되었다.[225] 세종 통치 기간에 사간원(司諫院) 정언(正言)[226]과 지제교(知製敎)[227]를 역임하며 명망이 일찍부터 알려졌다.

중년에 세상일이 어렵고 위태로워짐을 보고 힘써 외직을 구하여 거창현감(居昌縣監)이 되어 청백리로 알려졌다[청백리로 기록되어 있음]. 경태(景泰)[228] 갑술년(1452) 연간에 세상일이 일변하자 선생은 더욱 재능과 학식을 감추고 세상에 뜻이 없어 벼슬을 그만두고 선산의 망장촌(網障村)[229]으로 물러나 노년을 보냈는데, 눈멀고 귀먹었다고 처신하며 친구들도 사절하고 만나지 않았다. 자제들이 그 연고를 물은즉 "수양하고자 피하는 것이다."라고 하였다. 매월 초하루에는 이른 아침에 해 돋는 곳을 향해 절을 하였다. 자제들이 그 연고를 물은즉 "내 병을 낫게 해달라고 기도한다."라고 하였다. 일찍이 스스로 시를 읊어 "눈은 흐려 어두컴컴해지고 귀는 먹어가서 보고 듣는 것이 불민하니 바보와 같다."라고 하였다. 비록 집안사람이며 부인과 자식들 아무도 짐작하여 알지 못하였다. 사예(司藝) 김숙자(金叔滋)[230] 선생과 평생을 도의에 따른 교분을 맺었다. 점필재(佔畢齋)[231]가 찾아

---

225 대과(大科)에……선임되었다: 경은 선생께서 36세이던 세종 9년(1427) 친시문과(親試文科) 을과(乙科)에 급제하여 승문원(承文院) 정자(正字)에 선임된 것을 말한다.

226 사간원(司諫院) 정언(正言): 간쟁과 논박을 담당한 관청의 정6품 관직이다.

227 지제교(知製敎): 조선시대 국왕의 교서(敎書) 등을 기초하여 바치는 직무를 담당한 관직이다.

228 경태(景泰): 명나라 7대 황제 대종(代宗)의 연호로 8년간(1450~1457) 사용되었다.

229 망장촌(網障村): 지금 경상북도 구미시 고아읍(高牙邑) 오로리(吾老里)이다. '오로(吾老)'란 마을 이름은 단종이 세조에게 밀려나 영월로 귀양 가서 사는 것을 보고 예문관(藝文館) 직제학(直提學)을 지낸 김성미(金成美)가 사위 이맹전과 함께 벼슬을 버리고 이곳에서 단종을 사모하며 "나는 이곳에서 늙는다."라고 한 말에서 유래되었다고 한다.

230 김숙자(金叔滋): 1389(공양왕1)~1456(세조2). 조선 전기의 문신·학자로 강호산인(江湖散人)으로 불리며 김종직(金宗直)의 부친이다. 사예(司藝)는 성균관 소속 정4품 관직이다.

231 점필재(佔畢齋): 김종직의 호이다.

와서 이야기하니 서로 흉금을 터놓고 응답함에 아무런 거리낌이 없었다. 점필재가 말하였다.

"선생의 병환이 이제 거의 나았습니다."

선생이 답하였다.

"병이 거의 나은 것이 아니라 누추한 집에서 죽을 지경이었는데 군자를 만나보니 나도 모르는 사이에 가슴속이 환하게 툭 트였습니다."

김 선생이 숨겨진 깊은 뜻을 알아차려서 정색하고 더욱 공경하였다. 진정을 토로하며 상대하고 술잔을 권하며 주고받으면서 아침인지 저녁인지 시간 가는 줄 모르고 있다가 돌아가니, 부인 김씨는 이로 인해 눈멀고 귀먹은 것이 진실이 아님을 알았다. 선생이 대청마루에 있을 때 그 앞에서 곡식을 말리는데 매번 닭과 참새들이 다 쪼아 먹어도 그냥 펼쳐둔 채로 내버려두고 사람들에게 말하지 않았다. 임종 때가 되어서야 비로소 집안 자제들이 그 사실을 알았다.

선생은 진실로 타고난 효성이라 살아생전에 섬기는 일과 돌아가신 뒤의 장례와 제사를 하나같이 예법의 규정에 따랐다. 사람을 대함에 공손하였고 실없이 웃는 일이 드물었으며, 물건 볼 때도 담담하여 특별히 욕심내는 바가 없었다. 청렴하고 검소함으로 집안을 다스렸으며 규방의 규범은 엄하고 정숙하였다. 자제들에게 말을 타거나 종을 데리고 다니는 것을 금하면서 "어버이의 병이 이러하거늘 말을 타거나 종이 따라오도록 한다면 마음이 어찌 편하겠는가?"라고 하였다. 집안사람들과 자손들이 백 리 밖 먼 길이 아니면 말을 놔두고 걸어 다녔다. 셋째 아들인 이돈(李惇)이 군위(軍威) 처가를 왕래할 때 말을 타거나 종을 데리고 다니며 자신을 편하게 해본 적이 없었다. 하루는 연향(延香)에 이르렀을 때 한 농부가 새끼노루를 잡은 일이 있었다. 이돈이 병환 중인 어버이를 봉양하고자 그 노루를 구하여 등에 짊어지고 망장촌까지 들어왔는데 거리가 20여리나 되었다. 온 집안이 이처럼 검소하였다. 어떤 후학이 물었다.

"선생께서 초야에 묻혀 사신 지 백 년 동안 집안엔 한갓 네 벽뿐이니 자손들에게 걱정거리가 될까 두렵습니다."

선생이 말하였다.

"빈궁함을 가업으로 후손들에게 물려주는데 무슨 걱정이란 말인고?"

점필재 선생이 ≪이준록(彝尊錄)[232]≫을 편찬할 때 선생을 스승과 벗의 대열에 넣고 이렇게 기록하였다.

"겉이든 속이든 허물이 없고 타인이나 외물과 다툼이 없었다. 중년에 벼슬살이를 좋아하지 않아 물러나 망장촌에서 노년을 보냈는데 연세가 90에 이르렀다. 부인 김씨도 신병이나 탈이 없었다."

비록 당시에는 입에 담기를 피하던 일이라 감히 사실대로 쓰지는 못하였으나 숨겨진 깊은 뜻은 이미 드러나 있었다. 선생의 아우로 존함이 계전(季專)인 참판(參判) 공희공(恭僖公)[233]이 선생의 출사와 사퇴의 시종을 기록하였는데 그 내용이 매우 소상하였으나 난리로 흩어져버렸고, 선생이 직접 쓴 유고(遺稿) 2질도 전란 통에 함께 없어져버렸다. 선생은 홍무(洪武)[234] 25년 임신년(1392)에 태어나서 성화(成化)[235] 16년 경자년(1480)에 돌아가시니

---

232 이준록(彝尊錄): 김종직이 부친 김숙자의 언행을 수집하여 편찬한 책이다. '이준(彝尊)'은 '이준(彝樽)'으로도 적으며 옛날에 제사용 술그릇으로 쓰였다.

233 공희공(恭僖公): 이계전(李季專, 1414~1484). 조선 전기의 문신으로 자가 경지(敬止)이고 공희(恭僖)는 시호이다. 경은 선생의 셋째 아우로 1447년(세종29) 별시문과에 병과로 급제하여 성균직학(成均直學), 사헌부감찰(司憲府監察), 예조정랑(禮曹正郎), 승정원좌부승지(承政院左副承旨), 경기관찰사(京畿觀察使) 등을 거쳐 이조참판(吏曹參判)에 이르러 병으로 사직하였다.

234 홍무(洪武): 중국 명나라 개국 황제 태조(太祖)의 연호로 31년간(1368~1398) 사용되었다.

235 성화(成化): 중국 명나라 제8대 황제 성화제(成化帝)의 연호로 23년간(1465~1487)

향년 89세였다. 선산부 동쪽, 연향의 남쪽에 있는 미석산(彌石山) 서향 언덕에 장사 지냈는데, 나지막한 묘갈(墓碣)[236]만 있고 비문은 없다. 부인 김씨의 묘는 그 앞에 있다.

▲ 경은 선생 묘비(≪월암서원지≫에서 전재)

선생은 직제학(直提學) 김성미(金成美)[본관은 선산, 상주안렴사(尙州按廉使) 신우(申祐)의 사위]의 딸에게 장가들어 4남 1녀를 두었다. 장남은 조산대부(朝散大夫)[237] 행[238]대구교수(行大邱敎授) 이순(李恂)이고, 적손(嫡孫)은 청하

사용되었다.

236 묘갈(墓碣): 무덤 앞에 세우는 위가 둥그스름하고 나지막한 돌비석으로 보통 묘비(墓碑)보다 크기가 작다.

237 조산대부(朝散大夫): 조선시대 문관의 품계로 종4품이다.

238 행: 관직 표기와 관련하여 중국 당(唐)나라의 두우(杜佑)가 편찬한 ≪통전(通典)≫ 권19에 "대체로 왕조의 관리들은 모두 '행(行)'이나 '수(守)'로 칭하였다. 품계가 높고 관직이 낮은 경우는 '행'이라 하고, 품계가 낮고 관직이 높은 경우는 '수'라고 하며, 관직과 품계가 같은 경우는 '행'이나 '수'라는 글자를 쓰지 않았다.(凡王官皆稱行守. 其階高而官卑者稱行, 階卑而官高者稱守, 官階同者并無行守字.)"라는 내용이 실려 있다.

현감(淸河縣監) 이보원(李堢源)이다. 외손은 수찬(修撰) 이덕수(李德洙)[239], 도사(都事) 이덕사(李德泗)[청주 사람], 판서(判書) 정경세(鄭經世)[240][상주 사람]이다. 둘째 아들은 이췌(李惴)이고, 외손은 현감(縣監) 이진(李軫), 이보(李輔)[군위 사람], 승지(承旨) 최현(崔晛)[선산 사람], 진사(進士) 신적도(申適道), 장령(掌令) 신달도(申達道), 좌랑(佐郎) 신열도(申悅道)[의성 사람]이다. 셋째 아들은 이돈(李惇)이고, 외손은 목사(牧使) 김용(金涌), 진사 이영남(李榮男)이다. 넷째 아들은 이이(李怡)이고, 외손은 진사 김안절(金安節), 생원(生員) 김광계(金光繼)[예안(禮安) 사람], 진사 박홍경(朴弘慶), 유학(幼學) 송광홍(宋光弘)[선산 사람]이다. 딸은 보덕(輔德) 박사제(朴斯悌)에게 시집갔다. 선생의 자손으로 성주(星州)에 사는 후손들은 많지 않고, 영천(永川)에 사는 후손들이 조금 많은 편이다. 선생의 6대 장손(長孫)인 사과(司果) 이희방(李希芳)과 그의 아들 이협(李浹), 지손(支孫)인 생원 이희양(李希陽)과 그의 아들 이득주(李得澍) 및 이득징(李得澂)[선산 사람]이 선생의 묘소를 받들고 있다.

先生姓李, 諱孟專, 字伯純, 號耕隱. 世居星州北面梓谷村, 自先考諱審之判書公移居善山南面荊谷村在金烏山下洛水之西. 先生生長名門, 早擢高第, 選補翰林. 世宗朝, 歷司諫院正言、知製敎, 聞望夙著.

中年見時事艱危, 力求補外, 得居昌縣監, 以淸白聞錄淸白吏. 景泰甲戌間, 時事一變, 先生益自韜晦, 無意世念, 退老網障村. 託跡盲聾, 謝絶親

---

239 이덕수(李德洙): 1577(선조10)~1645(인조23). 조선 중기의 문신으로 본관은 한산(韓山), 자는 사로(師魯)·여숙(汝淑), 호는 이유당(怡愉堂)이다. 강원도관찰사와 대사간(大司諫) 등을 역임하였다.

240 정경세(鄭經世): 1563(명종18)~1633(인조11). 조선 중기의 성리학자로 본관은 진주(晉州), 자는 경임(景任), 호는 우복(愚伏)이다. 임진왜란 때 의병장으로 공을 세웠으며 대사헌(大司憲)과 이조판서(吏曹判書) 등을 역임하였다.

朋. 子弟問其故, 則曰: “修養所忌.” 朔日每向朝曦而拜. 子弟問其故, 則曰: “祈禱己疾.” 嘗自吟曰: “眼欲昏昏耳欲聾, 見聞無敏與癡同.” 雖家人婦子, 莫能測識也. 與司藝金先生諱淑滋, 爲平生道義之契. 佔畢齋入語, 則披露心曲, 應答無礙. 畢齋曰: “我先生之疾, 今庶幾矣.” 先生答曰: “疾非庶幾也, 阽死蓬廬, 旣見君子, 自不覺心胸豁然也.” 金先生識其微意, 改容加敬. 至於吐款相對, 勸酬杯酌, 忘其早暮而歸, 夫人金氏以此知盲聾之非眞也. 先生處于廳事, 曝穀在前, 每爲雞雀啄盡, 而任其攫棄, 未嘗語人. 至臨沒, 一家子弟始知之.

先生誠孝出天, 生事葬祭, 一遵禮文. 待人恭而少戲笑, 視物淡而無所嗜. 淸儉爲家, 閫範嚴肅. 禁子弟騎從曰: “親病如此, 乘馬從徒, 情豈自安乎?” 家人子孫, 非百里之遠, 則皆舍馬而徒. 第三子惇往來軍威聘家也, 未嘗以騎從自逸. 一日至延香, 有農者追捕獐兒. 惇爲奉病親, 乞其獐, 負入網障村, 相去二十餘里. 一家儉素如此. 有一後生問曰: “先生林下百年, 家徒四壁, 恐爲子孫憂.” 先生曰: “貧窶傳家, 何病乎?”

佔畢齋先生撰彝尊錄, 記以師友之例[241]而書曰: “表裏無瑕, 與物無競, 中年不樂仕宦, 退老網障, 年至九十, 夫人金氏亦無恙云云.” 雖以當時所諱, 不敢直書, 而微意已見. 先生弟參判恭僖公諱季專, 記先生出處終始, 其說頗詳, 而亂離散失; 先生私稿二秩, 並失於兵火中. 先生生于洪武二十五年壬申, 終于成化十六年庚子, 享年八十九. 葬于善山府東延香之南彌石山西向之原, 有短碣而無文. 夫人金氏之墓在其前.

先生娶直提學金成美之女善山人, 爲尙州按廉使申祐之壻, 生四男一女.

---

241 例: 문맥상 ‘열(列)’의 잘못으로 생각되어 번역문에 이를 반영하여 옮겼다.

男一曰朝散大夫行大丘敎授恂，嫡孫淸河縣監堢源．外泒有修撰李德洙、都事李德泗淸州、判書鄭經世尙州．曰惴，外泒有縣監李軫李輔軍威、承旨崔晛善山、進士申適道、掌令申達道、佐郞申悅道義城．曰惇，外泒有牧使金涌、進士李榮男．曰怡，外泒有進士金安節、生員金光繼禮安、進士朴弘慶、幼學宋光弘善山．女適輔德朴斯悌．姓孫之在星州者無多，在永川者稍多．六代長孫司果希芳，其子琜，支孫生員希陽，其子得澍、得濈善山得以奉先生丘隴．

경은 선생 사적 발문
耕隱先生事蹟跋

인재 최현

내가 ≪산화이씨세보(山花李氏世譜)≫[선생의 5대조로 존함 견간(堅幹)]와 ≪경은선생사적(耕隱先生事蹟)≫을 읽고 나름대로 느낀 바가 있었다. 산화이씨[242]는 성주의 대족[시조는 존함 총언(悤言)[243], 호 벽진장군(碧珍將軍)]

242 산화이씨: 이견간(李堅幹)이 1317년(충숙왕4) 사신으로 원나라에 가던 길에 중국 상주(常州)의 객사에 머물면서 두견새 소리를 듣고 지은 시가 널리 회자(膾炙)되었는데, 그 시의 끝 구절에 나오는 말을 따서 '산화 선생(山花先生)'으로 불렸는데, 그 후에 산화이씨가 벽진이씨의 다른 호칭으로 쓰이기도 하였다.

243 총언(悤言): 이총언(李悤言, 858~938)은 벽진이씨(碧珍李氏)의 시조로 고려의 장군이자 개국공신이다. 태조 왕건(王建)을 도와 후삼국 통일에 기여한 공으로 '삼중대광

이다. 오랜 세월이 지나서 후손이 쇠퇴하였으나 큰 공훈과 위대한 업적이 마을 원로들이 전하는 데 기재되어 지금도 옛터와 선조의 무덤에 관한 기록이 남아 있다. 더욱이 선생은 청고하면서도 높은 요직을 역임한 가문에서 태어나 성스럽고 밝은 조정에 올라서 맑은 덕과 곧은 명성이 당대에 빛을 떨쳤다. 불행하게도 중년에 걱정스러운 일 때문에 피하고 벼슬하지 않으려는 뜻이 있어 벽촌으로 물러나 숨어서 욕심 없이 조용히 자신을 지켜 타인이나 외물과 접하지 않았다. 벼슬살이가 뜻이 아니었지만 명성이 날로 더하여 관례에 따라 사퇴해서는 면할 수 있는 형편이 아니었다. 그 때문에 눈은 사물을 보지 못하고 귀는 소리를 듣지 못한다는 핑계로 문을 닫고 손님을 사절하고는 세상일과 단절하였다. 다만 선생이 사예(司藝) 선생[244]과 도의의 교분을 맺었기 때문에, 점필재(佔畢齋) 김 선생(김종직)만은 선생을 찾아올 때마다 선생이 종일토록 담소하며 정신과 기운이 서로 호응하고 통해 흥미진진하여 지칠 줄을 몰랐다. 쓸쓸하게 50여년을 살면서 집안에는 거적자리도 없고 식사할 땐 수저조차 없었으나 몸가짐은 더욱 여유로웠다.

돌아가신 뒤에 자손들이 매우 많았으나 다른 고을에 흩어져 살았고 집안 살림이 영락하였기 때문에 떨쳐 일어나지 못하였다. 또한 그의 평생 동안의 청렴하고 고뇌에 찬 절의가 ≪여지승람(輿地勝覽)≫[245]과 점필재가 편찬한 ≪이준록(彝尊錄)≫에 대략은 보이지만, 나가 벼슬하거나 물러나 초

고려개국원훈 벽진장군(三重大匡高麗開國元勳碧珍將軍)'에 봉해졌다.

244 사예(司藝) 선생: 김종직의 부친 김숙자(金叔滋)를 가리킨다. 사예(司藝)는 김숙자가 역임한 조선시대 성균관의 정4품 관직 이름이다.

245 여지승람(輿地勝覽): ≪동국여지승람(東國輿地勝覽)≫을 가리킨다. 조선 성종 17년(1486)에 노사신(盧思愼)·강희맹(姜希孟) 등이 각 도의 지리·풍속 등을 기록하여 편찬한 우리나라의 인문지리서이다.

야에 묻혀 사는 의리를 당시에 입에 담지 못하였기 때문에 은밀하게 내비칠 뿐 밝히 드러내지 못하고, 단지 "중년에 벼슬하기를 즐겨하지 않아서 향리로 물러나 노년을 보냈다."라고만 하였기에 언외에 담긴 뜻을 후인들 중에 아는 자가 드물어서 선생의 덕이 끝내 묻히게 되었던 것이다. 선생의 증손녀는 곧 나의 어머님인데, 내가 열 살이 채 안되어 돌아가시어 나는 이모에 의해 양육되었다. 이모께서 매번 "집안사람들이 선생께서 눈멀고 귀먹었다고 핑계하신 뜻을 알지 못하였다. 선생의 부인이 누차 노비들을 시켜 시험해보았으나 알아낼 수 없었는데, 임종하실 무렵에야 비로소 알게 되었다는 말씀"을 하였다. 나는 그때 아직 어려서 대부분 기억하지 못하였다. 그 후에 초간(草澗) 권사문(權斯文)[246]을 만났더니 선생이 절개를 지키며 스스로 몸을 숨긴 일을 칭송하였다. 나와 성이 다른 육촌간인 이진(李軫)[247]과 이보(李輔)[248] 역시 선생의 4대 외손인데 서애(西厓) 유 선생(柳先生)[249]을 만났더니 두 선생[250]이 하시는 말씀이 평소에 들은 바와 꼭 들어맞았다. 즉, 두 분께서 이렇게 말씀하셨다.

---

246 권사문(權斯文): 권문해(權文海, 1534~1591)를 가리킨다. 그는 조선 중기의 문신으로 본관은 예천(醴泉), 자는 호원(灝元), 호는 초간(草澗)이다. 이황(李滉)의 문하에서 수학하였으며, 유성룡(柳成龍)·김성일(金誠一) 등과 친교가 있었다.

247 이진(李軫): 1536(중종31)~1610(광해군2). 조선 중기의 문신으로 본관은 연안(延安), 자는 군임(君任), 호는 송오(松塢)이다. 군위 출신으로 이황(李滉)의 문인이 되어 유성룡과 더불어 수학하였으며 임진왜란 때 정읍현감(井邑縣監)으로 왜군과 맞서 싸웠다.

248 이보(李輔): 1545(인종1)~1608(선조41). 조선 중기의 문신으로 본관은 연안(延安), 자는 경임(景任), 호는 남계(南溪)이다. 성리학자 이진(李軫)의 아우로 임진왜란 때 의병장 김해(金垓)의 종사관(從事官)으로 크게 활약하였다.

249 유 선생(柳先生): 유성룡(柳成龍, 1542~1607). 조선 중기의 문신으로 본관은 풍산(豊山), 자는 이현(而見), 호는 서애(西厓)이다. 이황(李滉)의 문인으로 김성일(金誠一)과 동문수학하였으며 서로 친분이 두터웠다. 임진왜란 때 영의정으로 국난을 수습하기 위해 진력하였으며, 향리에서 그 전란에 관한 기록인 ≪징비록(懲毖錄)≫을 남겼다.

250 두 선생: 초간 권문해와 서애 유성룡을 가리킨다.

"일선(一善)[251]은 본래 충신과 현인의 고향이다. 보통 사람들보다 몇 등급 높은 군자가 여러 분이 계셨다. 고려 말에 김아무개[존함 주(澍)]는 사신으로 중국에 갔다가 나라가 망하였다는 소식을 듣고 중국 땅으로 되돌아가서 평생 돌아오지 않았다. 영묘(英廟)[252] 말년에 선생은 중요한 벼슬자리에 있으면서 세상일이 날로 잘못되어 감을 알고 벽촌으로 물러나 노년을 보내며 종신토록 벼슬하지 않았다. 그 기미를 보는 명철함과 은거한 굳셈은 당시의 여러 현인들도 어려워하는 바가 있었다."

내가 말하였다.

"두 분 현철께서 이와 같은 절조와 품행이 있는데도 세상에 드러나지 않은 것은 무슨 까닭입니까?"

두 분께서 말씀하셨다.

"그 절조를 온전히 하고도 그 자취를 감추어 사람들로 하여금 그 뜻을 알 수 없도록 하였으니, 이것이 바로 그분들이 보통 사람들보다 몇 등급 높은 점이다."

나는 박수일(朴遂一)[253] 군과 오랫동안 상종하였는데, 그는 매번 두 선생의 나가 벼슬하거나 물러나 초야에 묻혀 사는 의리에 대해 칭송할 때마다 그의 선조 용암(龍巖) 선생[254][존함 운(雲)]께서 손수 적은 기록을 보여주

---

251 일선(一善): 경북 선산(善山)의 옛 지명이다.

252 영묘(英廟): 조선시대 제4대 왕인 세종대왕(世宗大王, 1418~1450 재위)을 가리킨다. 세종의 능호가 영릉(英陵)인 관계로 이렇게 말하였다. 영릉은 지금 경기도 여주시 능서면 영릉로에 있다.

253 박수일(朴遂一): 1553(명종8)~1597(선조30). 조선 중기의 학자로 본관은 밀양(密陽), 자는 순백(純伯), 호는 건재(健齋)·명경(明鏡)이다. 선산 출신으로 할아버지는 진사 박운(朴雲)이고, 생원 박호(朴灝)의 아들이다. 임진왜란 때 의병을 일으켜 항전하였으며 정유재란 때 전사하였다.

254 용암(龍巖) 선생: 박운(朴雲)으로 본관은 밀양(密陽), 자는 택지(澤之)이고, 용암(龍巖)은 그의 호이다. 특히 효자로 이름이 나서 1580년(선조13) 7월 지금 경북 구미시 해평

었다. 대개 용암은 그다지 오래되지 않은 예전 사람으로 견문을 통해 얻은 것이 자못 상세하였는데, 그것들이 묻혀 없어져 전해지지 않을까봐 두려워하여 두 분의 뜻과 행적을 간략하게 기록하였던 것이다. 선생의 아우 공희공(恭僖公)이 쓴 행장과 선생의 유고 또한 전란 통에 사라져버렸으니 더욱 통탄할 일이다.

아! 나라가 다사다난할 때와 고국에 섬기던 임금이 없던 날에 그 절의를 온전히 하고 빈천에도 편안하였던 사람은 본디 드물었다. 병을 핑계하고 세상을 숨어서 산야의 언덕이나 골짜기에서 평생을 보내고도 후회하지 않았던 사람은 한나라의 공승(龔勝)[255]과 진나라의 도연명(陶淵明)[256]과 당나라의 견제(甄濟)[257] 등 몇몇 사람뿐인데, 그 당시 사람들 또한 짐작조차 할 수 없었으니 선생의 뜻을 세상 사람들이 알지 못하는 데 대해 의혹을 품을 것은 없다. 알거나 모르는 것이 선생의 높은 절의에는 더해지거나 덜해질 바가 아니기 때문이다. 그러나 우리처럼 한 고향에서 태어난 사람으로

면 괴곡리 고리실에 '효자정려비(孝子旌閭碑)'와 '정려각(旌閭閣)'이 세워졌다.

255 공승(龔勝): BC 68 ~ AD 11. 전한(前漢) 말 초국(楚國) 팽성(彭城) 사람으로 자는 군빈(君賓)이다. 왕망(王莽)이 정권을 찬탈한 뒤 불렀지만 한 몸으로 두 성씨를 섬기지 않는다며 14일간 곡기를 끊다가 굶어 죽었다.

256 도연명(陶淵明): 365~427. 동진(東晉) 때의 시인으로 이름은 잠(潛), 자가 연명(淵明)·원량(元亮), 자호는 오류 선생(五柳先生)이며, 세상에서 정절 선생(靖節先生)이라 불렀다. 말단 관직을 거쳐 팽택현령(彭澤縣令)을 맡은 지 80여일 만에 관직을 내던지고 전원으로 은거하였다. 중국 최고의 전원시인이자 은일(隱逸)시인의 으뜸으로 불린다.

257 견제(甄濟): ?~766. 당나라 때의 문인이자 장군으로 자는 맹성(孟成)이다. 위주(衛州)의 청암산(靑巖山)에 은거하다가 천보(天寶) 말경에 천거되어 좌습유(左拾遺)를 맡아 안녹산(安祿山)의 보좌관인 범양절도장서기(范陽節度掌書記)로 있었다. 천보 12년(753)에 안녹산의 모반 기미를 알아차리고 벙어리가 된 것처럼 가장해 청암산으로 돌아와 지냈다. 안녹산이 반란을 일으킨 뒤에 사람을 보내어 칼로 협박하며 협조하도록 종용하였지만 끝내 굴하지 않았으며, 뒤에 안녹산의 아들인 안경서(安慶緖)에 의해 낙양에 구금되었다가 당나라 군대가 낙양을 수복한 뒤에 풀려났다. 한유(韓愈)가 원진(元稹)에게 답한 편지인 <답원시어서(答元侍御書)>에 견제와 그의 아들 견봉(甄逢)이 역사서에 기록될 만한 인물이라고 평가한 내용이 보인다.

만약 현인을 존중하고 덕을 사모하는 정성이 있다면, 그 숨어 있는 덕의 그윽한 광채를 빛나도록 해서 후세 사람들에게 맑은 풍도가 세차게 일어나도록 하는 것을 생각하지 않을 수 있겠는가? 옛 사람이 이른바 "세상을 떠나고 나면 마을의 토지 신을 제사지내는 사당에서 제사지낼 만한 마을 어르신"이라고 한 사람이 아마도 이 분[258]인데도 텅 빈 산에 잡초가 우거지고 나지막한 돌비석도 비스듬히 기울어진 채 백여 년이 되도록 향불이 적막하니, 우리 충신과 현인의 고장에서 선생의 사적을 높이고 서술하는 일이 없어서 오늘에 이르러 날이 멀어질수록 더욱 어두워지게 하고 말았다. 이것이 권사문과 유 선생이 큰 소리로 찬탄하는 소이이요, 박군이 자신의 선조부가 기록한 것을 정성을 다해 지키며 당부하는 까닭이다.

지금 오봉(五峯) 상국(相國) 이호민(李好閔)[259]의 돌아가신 모친 박씨[260]는 해평(海平) 사람으로 나의 선비(先妣)[261]와는 같은 동리에 담을 맞닿고 사셨다[선비의 조모는 곧 박씨 부인의 3촌]. 부인이 일찍이 이 일을 말하여 (오봉은) 귀에 익어 있었다. 오봉이 선생의 행장을 쓰겠다고 허락하였으나 노쇠하여 미루다가 완성하지 못하였다. 내가 비록 글이 뛰어나지 못하지만

---

258 세상을……이 분: 한유의 <송양소윤서(送楊少尹序)>에 "옛날에 이른바 '세상을 떠나고 나면 마을의 토지 신을 제사 지내는 사당에서 제사 지낼 만한 마을 어르신'이라고 한 사람이 아마도 이 분이시겠지요! 아마도 이 분이시겠지요!(古之所謂'鄉先生沒而可祭於社'者, 其在斯人歟, 其在斯人歟!)"라고 한 글귀가 있다. 향 선생(鄉先生)은 옛날에 관직을 그만두고 고향 마을에 거주하거나 고향 마을에서 가르치는 일을 담당하는 노인을 부르던 말이다.

259 이호민(李好閔): 1553(명종8)~1634(인조12). 조선 중기의 문신으로 본관은 연안(延安), 자는 효언(孝彦), 호는 오봉(五峯)·남곽(南郭)·수와(睡窩) 등이다. 임진왜란 때 의주(義州)까지 선조를 호종(扈從)하였으며, 대제학(大提學)과 좌찬성(左贊成)을 지낸 뒤 1604년(선조37) 호성공신(扈聖功臣) 2등으로 연릉군(延陵君)에 봉해졌다.

260 박씨: 이호민의 어머니는 정경부인(貞敬夫人)으로 비안박씨(比安朴氏) 사직(司直) 박여(朴旅)의 딸이다.

261 선비(先妣): 다른 사람에게 자신의 돌아가신 어머니를 부르는 말이다. 최현의 어머니는 벽진이씨(碧珍李氏)로 이지원(李智源)의 딸이다.

오직 선생의 사적이 묻혀버릴까 봐 두려워 들은 바를 거두어 모아서 ≪일선지(一善志)[262]≫를 저술하고 그 대략을 위와 같이 기록하였다. 삼가 자손들이 지은 선생의 사적에 근거하고, 박군의 가문에 간직된 기록과 동네 어른들의 입을 통해 전해오던 것을 참고하여 위와 같이 그 개요를 적었다.

천계(天啓)[263] 병인년(1626) 선생의 외손 통정대부(通政大夫) 수[264]강원도관찰사(守江原道觀察使) 겸 병마수군절도사(兵馬水軍節度使) 최현이 삼가 발문을 쓰다.

余閱山花李氏[先生五代祖, 諱堅幹]世譜及耕隱先生事蹟, 竊有所感焉. 山花李氏, 星州之大族[始祖諱忩言, 號碧珍將軍]. 歷年既久, 雲仍衰替, 而豐功偉績, 載於父老所傳, 至今猶記其遺基古故墓焉. 至於先生, 生淸顯之門, 而登聖明之朝, 淸德直望, 振耀當世. 不幸中年, 有憂違之志, 退伏鄕曲, 恬靜自守, 不與物接. 仕宦非意, 而名聲日逐, 非循例辭退之可免, 故托以目不見物、耳不聞聲, 杜門謝客, 斷絕人事. 獨佔畢齋金先生, 以其與司藝先生爲道義之交, 每訪先生, 先生終日言笑, 神氣和暢, 亹亹不厭焉. 索居五十餘年, 家無苫席, 食無匙箸, 而處之益裕.

身歿之後, 子孫衆多, 散處他鄕, 家事零落, 因而不振. 且其平生淸苦

262 일선지(一善志): 1618년(광해군10) 최현(崔晛)이 경상도 선산군(지금 구미시)의 연혁, 인문지리, 행정 등을 수록하여 편찬한 지방지이다. 4권으로 된 필사본으로 내용은 크게 지리편, 인물편, 시문편의 세 부류로 이루어져 있다. 권1의 앞머리에 1477년(성종8) 김종직(金宗直)이 지은 <선산지도지(善山地圖誌)>와 <지리도십절(地理圖十絶)>을 수록하고 있다. 보통 ≪일선지(一善誌)≫로 쓰는데, '志'와 '誌'는 통용되는 글자이다.

263 천계(天啓): 중국 명나라의 제15대 황제인 희종(熹宗) 때의 연호로 7년간(1621~1627) 사용되었다.

264 수: 수(守)는 품계가 낮고 관직이 높은 경우에 관직명 앞에 붙인다. 이에 대한 자세한 설명은 주석 238번 참조.

之節，略見輿地勝覽及佔畢所撰彝尊錄中，而出處之義，則當時所諱，故微而不闡，但云：“中年不樂仕宦，退老鄉里而已.” 則言外之旨，後人鮮有知者，先生之德，終至於泯泯焉. 先生曾孫女，寔余先妣，余未十歲見背，鞠於從母. 每言：“家人不識先生託盲聾之意，夫人屢使婢僕試之，猶不能識，及臨歿，乃知之語.” 余時尚少，多不記憶. 其後，見草澗權斯文，稱先生秉節自晦事. 余之異姓再從李軫、李輔，亦先生四代外孫，見西厓柳先生，兩先生與平日所聞相符，謂：“一善固是忠賢之鄉，而高人數等者，有數君子焉. 麗末，金某[諱澍]奉使赴京，聞國亡，還入中原，終身不返. 英廟未年，先生以名宦，知時事日非，退老鄉曲，終身不仕，其見幾之明，高蹈之堅，雖當時諸賢，亦有所難.” 曰：“兩賢有如是節行，而不顯於世，何耶?” 曰：“全其節而晦其跡，使人莫得以知其意，此其高人數等處也.”

余與朴君遂一相從久，每稱兩先生出處，示其先祖龍巖先生[諱雲]手錄. 蓋龍巖近古人也，得於見聞者頗詳，而恐其泯沒無傳，略記志行者也. 先生之弟恭僖公所記行狀及遺稿，亦失於兵火中，尤可歎也.

噫! 邦家多事之時，故國無君之日，全節義而安貧賤者，固罕其人. 而託疾遯世，終身丘壑而不悔者，漢之龔勝、晉之淵明、唐之甄濟數人，而時人亦莫能窺測，則先生之志，無惑乎世人之不識也. 識與不識，非所以加損於先生之高義，而生吾一鄉者，苟有尊賢慕德之誠，則其不思所以發潛德之幽光，激淸風於後來也哉? 古人所謂：“鄉先生歿而可祭於社者”，其在斯人，而空山蔓草，短碣攲側，百許年來，香火寂寥，使我忠賢之鄉，無所尊述，以至于今，愈遠而愈晦. 此權斯文、柳先生之所以嘖嘖稱嘆，而朴君之所以惓惓於其先人之所記而托之者也.

今五峯李相國好閔，其先夫人朴氏，海平人也，與先妣同里閈、連門戶[先妣之前祖母，卽朴氏夫人三寸]. 夫人嘗語此事，耳聞旣熟. 五峯旣許述先生行狀，而以其髦老遷延未就．余雖不文，惟是泯滅是懼，收拾所聞，撰出一善志，而錄其梗槩如右．謹因子孫所撰先生事蹟，參以朴君家藏手錄及傳誦於父老者，而誌其梗概如右．天啓丙寅，先生外孫，通政大夫守江原道觀察使兼兵馬水軍節度使，崔晛謹跋．

이정언에게 차운하여
次李正言

점필재 김종직

고관대작 반열일랑 꿈에도 생각 없지만	靑紫班中無夢寐
기영회[265]에는 의관을 정제하고 참여한다	耆英會上整冠襟
집안엔 손자가 아들을 낳아 기쁜 기색	門闌喜氣孫生子
마을에는 그믐밤 새는 즐거운 소리	里巷歡聲歲守心
때로는 스님 불러 같이 차 마시고	時喚野僧同茗席

265 기영회: 덕망 있는 원로들의 모임. 송(宋)나라 때 왕안석(王安石)이 신법(新法)을 주창할 때 부필(富弼)이 그와 정치적 견해가 달라 관직을 내던지고 고향인 낙양(洛陽)으로 돌아와 있으면서 사마광(司馬光)과 서도유수(西都留守)인 문언박(文彦博) 등 당시의 명망 있던 원로 13명과 함께 당(唐)나라 때 백거이(白居易)의 '향산구로회(香山九老會)'를 본떠서 결성한 모임이다. 당시에 이 모임을 '낙양기영회(洛陽耆英會)'라고 불렀다.

매번 병든 눈 문지르며 책속에 빠진다	每揩病眼閱書林
신선 같은 세월[266] 참으로 이와 같거늘	壺中日月眞如此
시끌벅적 고관들 몇이나 은거하였던고?	名宦紛紛幾陸沈

이정언에게 화운하여
和李正言

점필재 김종직

벗은 외로이 한 몸만 남아 있는데	故人零落一身存
슬하의 손자가 지금 또 손자를 보게 되었다	膝下孫今欲抱孫
묻노니 국담[267]이 어느 곳인고?	借問菊潭何處是
천년 묵은 참죽나무[268] 그늘진 외딴 마을	靈椿千載蔭孤村

---

266 신선 같은 세월: 원문은 "호중일월(壺中日月)"인데 '호중천(壺中天)' 또는 '호중천지(壺中天地)'라고도 한다. '항아리 속의 하늘'이라는 뜻으로, 별천지(別天地), 별세계(別世界), 선경(仙境) 등을 가리키는 뜻으로 쓰였다.

267 국담: 국담(菊潭)은 '국화담(菊花潭)'이라고도 하며 속칭 '불로천(不老泉)'이라고 부르는데 늙지 않고 장수하는 것을 비유한다. 중국 하남성(河南省) 서협현(西峽縣) 단수진(丹水鎭) 남쪽의 국화산(菊花山)에 있다. 산 위의 국화가 늪의 물에 거꾸로 비친 모습에서 유래한 이름이다. 이곳의 국화는 옛날 중국에서 매우 유명하여 장기간 복용하면 장수하는 것으로 알려져 있다. 경은 선생은 거처하던 집에 있던 연못을 국담(菊潭), 집 안의 우물을 죽정(竹井)이라고 이름하여 거기에 자신의 지조를 담았다.

268 참죽나무: 원문은 "춘(椿)"인데 장수(長壽)를 뜻하는 신령스런 나무이다. 이 나무는 ≪

≪이준록(彝尊錄)≫에 이렇게 적혀 있다.

"이맹전은 대대로 선산에서 살았는데 공적을 쌓아 벼슬이 사간원 정언과 소격서령(昭格署令)에 이르렀다. 중년에 벼슬살이를 좋아하지 않아 물러나서 향리에서 살았다. 겉이든 속이든 허물이 없고 타인이나 외물과 다툼이 없었다. 금년에 이미 90세이고 부인 김씨도 86세인데 모두 신병이나 탈이 없었다."

彝尊錄書李孟專世居善山, 累官至司諫院正言昭格署令. 中年不樂仕, 退居鄕里. 表裏無瑕, 與物無競. 今年已九十, 夫人金氏亦八十六, 皆無恙.

장자(莊子)·소요유(逍遙遊)≫편에 "상고시대에 큰 참죽나무라고 하는 것이 있었는데, 8천년을 봄으로 하고 8천년을 가을로 하였다.(上古有大椿者, 以八千歲爲春, 八千歲爲秋.)"라고 묘사되어 있다.

사제문
賜祭文[269]

숙종(肅宗) 갑술년(1694) 지제교(知製敎) 권중경(權重經)[270]

국왕이 예조좌랑(禮曹佐郎)[271] 김우일(金遇一)[272]을 보내어 성지(聖旨)를 내려 작고한 예의판서(禮儀判書) 김주(金澍)와 사간(司諫) 하위지(河緯地)와 정언(正言) 이맹전(李孟專)의 영전에 제사 지내노라.

國王遣禮曹佐郎金遇一，諭祭于禮儀判書金澍、司諫河緯地、正言李孟專之靈.

오호라! 저 일선을 우러러보니	於戲瞻彼一善
덕성(德星)[273]이 모인 곳	德星攸萃
천지는 수려함을 머금고	天地涵秀
산천은 특이함을 모았다	嶽瀆鍾異
대학자와 덕망 있는 사람들	鴻儒碩德

---

269 사제문(賜祭文): 임금이 내리는 제문을 말한다.

270 권중경(權重經): 1658(효종9)~1728(영조4). 조선 후기의 문신으로 본관은 안동(安東), 자는 도일(道一), 호는 손재(巽齋)·정묵당(靜默堂)이다.

271 예조좌랑(禮曹佐郎): 조선시대 예조(禮曹)에 둔 정6품 관직으로 정원은 3명이다.

272 김우일(金遇一): 1659(효종10)~?. 조선 후기의 문신으로 본관은 예안(禮安), 자는 시중(時仲)이다. 숙종(肅宗) 16년(1690) 식년시(式年試) 병과(丙科)에 급제하였다.

273 덕성(德星): 상서(祥瑞)로움을 표시하기 위하여 나타나는 별로 현인(賢人)을 비유한다.

성대하게 잇따라 나왔다	蔚然繼起
아름답도다! 세 현인은	猗歟三賢
전후가 한결같았다	前後一致
별 수레 타고 사신 갔다 돌아옴에	星軺載旋
나랏일이 예전과 달라져서	國事非昔
강에 임하여 옷을 부치고	臨江寄衣
주나라 곡식 먹기를 부끄러워하였다	恥食周粟
형만(荊蠻) 땅에 몸을 숨기니	竄身荊巒[274]
고상한 행적이 아득하였다	邈焉高躅
섬기는 분 마음속으로 맹세하여	矢心所事
사육신의 한 사람에 들었다	一于六臣
몸은 가마솥[275]에서 삶기면서도	身膏鼎鑊
손으로는 떳떳한 도리 떠받쳐	手扶綱綸
일시적으로는 구부려졌지만	一時之屈
만세토록 펼쳐졌다	萬世之伸
같은 때 지조를 지켜	同時抗操
장님이라 핑계하며 자취를 숨기고	託盲韜跡

---

274 巒: "만(巒)"은 "만(蠻)"의 잘못으로 생각된다.
275 가마솥: 원문은 "정확(鼎鑊)"으로 중국 전국(戰國)시대에 죄인을 기름에 삶아 죽이던 형별 도구이다

언덕과 울타리[276]로 물러나니	遯于丘樊
굽어보고 우러러봐도 부끄러울 게 없다	俯仰不怍
해 돋는 곳 향해 몸 굽혀 절하여	向暾傴僂
죽을 때까지 변하지 않았다	之死靡忒
이 충절을 쳐다보니	眷玆忠節
행적은 다르나 의리는 같고	跡殊義同
뜻은 세상 고난 격려하고	志勵風霜
정기는 하늘에 통해 있다	精通上穹
우뚝 솟은 화산과 태산[277]	萃[278]于華垈
높다고 할 수 없고	不足爲崇
빛나는 해와 달	昭乎日月
밝다고 할 수 없다	不足爲明
함께 꽃다운 향기 전파하니	並播芳芬
한 궤도에 같은 길이다	一軌同程
천년에 한 번 나와도	千載一出
많다고 할 터인데	尙曰比肩
세 분이 태어나신 것	而其生也
백 년 간격도 안 된다	間不百年

276 언덕과 울타리: 원문은 "구번(丘樊)"으로 '은거하는 곳'을 뜻한다.
277 화산과 태산: 화산(華山)과 태산(泰山)은 오악(五嶽)에 속하는 중국의 명산이다.
278 萃: "췌(萃)"는 "줄(崒)"의 잘못으로 생각된다.

온 나라로 구하여도	擧國有求
저런 사람 어려운데	猶難其人
백 리 안에	百里之內
세 어진 분 나오셨다	有玆三仁
켜켜이 쌓인 지조와 높은 절개	層操峻槩
어제처럼 빛나서	爀然如昨
지나간 시대를 살펴봐도	考之前代
아마 보기 드물다	蓋亦罕覿
낙동강 물 용솟음쳐 흐르고	洛水潏潏
금오산 우뚝 솟은 곳에	烏山矗矗
사당이 날개마냥 서 있어	有翼其祠
제사 지내고 축원한다	以尸以祝
충정 기리고 절의 장려함은	褒忠奬節
왕정의 급선무	王政所先
사당 지어 이름 내려주는 건	建宇錫號
예법에 당연한 일	禮典當然
빛내고 높이 드날리고자	肆將華揭
집과 현판 단장하여	庸賁院額
전해질 명성 세우고	以樹風聲
후학의 모범 되게 한다	以範來學

예관을 보내 仍遣禮官
술과 고기 제물로 제사 지내도록 하니 替薦牲醑
영령들이시여 강림하시어 靈庶來格
함께 향기로운 공물 흠향하소서! 共歆馨侑

신주를 받들어 모시는 제문
奉安祭文

사예(司藝) 김녕(金寧)[279]

높은 산[280]은 울울창창 嵩山茀鬱
낙동강은 유유히 흘러 洛水悠揚
빙빙 돌며 올라가 정기 잉태하여 扶輿孕精
충성스럽고 정직한 인물 낳았다 篤生忠良

혹은 고려 말에 벼슬하여 或仕麗季

---

279 김녕(金寧): 1567~1650. 조선 중기의 문신·학자로 본관은 선산(善山), 자는 여화(汝和), 호는 돈봉(遯峯)이다. 예문관(藝文館) 직제학(直提學) 김성미(金成美)의 후손이며, 한강(寒岡) 정구(鄭逑)와 여헌(旅軒) 장현광(張顯光)을 사사하였다.

280 높은 산: 금오산(金烏山)을 가리킨다.

사명 받들어 중국에 갔다가	奉命華國
강에 임하여 건너지 않고	臨江不渡
중국 땅에서 영락하였다	中土淪魄

혹은 도끼[281] 앞에서도	或前鈇鉞
대의가 눈서리 같았고	大義霜雪
몸은 가마솥에서 삶겨도	身膏鼎鑊
본마음은 더욱 확고하였다	素心愈確

혹은 세상과 어긋나서	或與世違
고향으로 돌아와	故園歸蹤
장님과 귀머거리로	收視廢聽
반평생 자취를 감추었다	半世藏蹤

아! 우리 세 현인은	嗟我三賢
행적은 달라도 취지는 같아	異迹同趨
미자, 비간, 기자[282]의 절개와	微比箕節
오랜 세월 흘러도 꼭 들어맞았다	曠世相符

명성이 영원히 세워져	風聲永樹

281 도끼: 원문은 "부월(鈇鉞)"인데 허리나 목을 베는 형벌 도구이다.
282 미자, 비간, 기자: 미자(微子), 비간(比干), 기자(箕子)는 은(殷)나라 말 세 명의 어진 인물이다.

후학의 표준이 되었지만	表準來學
예로 함께 제사 지내는 일 빠뜨려	禮闕並享
공적인 논의 오래 답답하였다	公議久鬱

지금에서야 한 집에 함께 모시고	今焉合堂
강가에 사당을 지어	江上廟貌
춘추로 제사 지내며	祀事春秋
우러러 사모하는 정 다하나이다	罄此景慕

상향[283] 축문[284]
常享祝文

절개는 두 부류[285]이지만	節則二子
행동은 같은 삼인(三仁)이십니다.	行同三仁

283 상향: ≪서경·태갑하(太甲下)≫에 "귀신은 일상적인 제사를 누리는 것이 없지만 정성스러운 사람의 제사를 받는다.(鬼神無常享, 享于克誠.)"라는 글귀가 있는데, 이 글에서 "상향(常享)"은 '철마다 지내는 정기적인 제사'를 가리키는 것으로 생각된다.

284 이 글의 작자는 미상이다.

285 두 부류: 김주와 이맹전 두 분은 자취를 감추고 은거한 절개이고, 하위지는 목숨을 바쳐 항거한 절개임을 구분하여 말한 것으로 보인다.

한결같이 교화와 명성 세우셨으니[286] 風聲一樹
천추토록 사당에서 제사 흠향하옵소서 廟食千春

일선지 뒤에 쓰다
題一善誌後

창석(蒼石) 이준(李埈)

일선(一善)에는 위대한 인물과 큰 선비들이 많아 도학과 품행으로 당대에 이름이 나서 후세까지 전해진 사람이 줄줄이 이어질 정도로 많으니 실로 우리 동방의 여릉(廬陵)[287] 고을이다. 그 절의가 가장 드러나 알려진 이로 말할 것 같으면, 길주서(吉注書)[288]가 고려 왕조를 저버리지 않은 것과 하사간(河司諫)[289]이 섬기던 임금에게 충성을 다하였던 일과 같은 것은 명성

---

286 교화와 명성을 세우셨으니: ≪서경·필명(畢命)≫에 "선함을 드러내고 사악함을 눌러 교화 명성을 세우시오.(彰善癉惡, 樹之風聲.)"라는 글귀가 있다.

287 여릉(廬陵): 중국 강서성(江西省) 길안시(吉安市)로 예로부터 인재와 명사들이 많이 배출된 곳으로 알려져 있다. 북송(北宋) 제일의 대문호요 학자·관리인 구양수(歐陽修)와 남송(南宋) 때의 민족 영웅인 문천상(文天祥) 등이 이곳 출신이다.

288 길주서(吉注書): 길재(吉再, 1353~1419). 본관은 해평(海平), 자는 재보(再父), 호는 야은(冶隱)·금오산인(金烏山人)이다. 1389년(창왕1) 문하주서(門下注書)가 되었지만 나라가 장차 망할 것을 알고서 이듬해 봄에 노모를 모셔야 한다는 핑계로 벼슬을 버리고 고향인 선산으로 돌아왔다. 이색·정몽주와 함께 고려의 삼은(三隱)으로 불린다.

289 하사간(河司諫): 하위지(河緯地, 1412~1456). 선산 출신으로 본관은 진주(晉州), 자는

이 크고 넓어서 본래 이미 온 세상에 빛을 떨쳤으니 비록 부녀자와 어린아이들이라도 당시에 두 공이 있음을 알지 못하는 사람이 없었다.

두 공이 있을 당시에 두 공과 같은 충절을 가지고 있으면서도 세상 사람에게 알려지지 못한 분이 있었다. 신곡(新谷) 김 선생(金先生)[존함 주(澍)]은 사신으로 중국에 갔다가 돌아오는 길에 압록강에 이르렀을 때 고려의 운명이 다하였다는 소식을 듣고 동쪽을 향하여 통곡하고 서찰을 보내어 처자와 결별하고 중국으로 되돌아가니 집안사람들이 의관을 갖추어 고향의 산에 장사하였다. 경은(耕隱) 이 선생(李先生)은 경태(景泰) 갑술년(1454) 무렵에 세상일이 어렵고 우려스러워지는 것을 보고 고향의 언덕과 전원에 자취를 감추고 눈멀고 귀먹었다고 핑계하며 발이 문밖으로 나오지 않았다. 그 곧고 성실하며 괴로움을 굳게 지킨 절개는 한때 잠시 힘써 노력함에 그치고 만 것이 아니었다.

오호라! 선비가 바야흐로 평소에는 누구인들 손뼉 치며 흔쾌하게 절의로 자부하지 않겠는가마는, 하루아침에 변고가 나면 정신이 나가고 실색하여 나라를 저버리고 절개를 잃어버리지 않을 자가 천년 백년에 하나 둘도 볼 수 없는데 유독 두 공만은 의연하게 우뚝 서서 흔들리지 않았다. 한 분은 나랏일이란 양립할 수 없음을 알고 일도양단의 결단으로 차라리 만 리 밖 객지의 귀신이 될지언정 두 조정에 절개를 굽히지 않았으니, 몸을 깨끗하게 하고 먼 곳으로 숨은 것은 옛적에 하내(河內)로 건너가고 바

천장(天章)·중장(仲章), 호는 단계(丹溪)·적촌(赤村)이며, 사육신의 한 사람이다. 1453년 10월 수양대군이 김종서, 황보인 등을 죽이고 영의정 겸 섭정에 오르자 하위지는 벼슬을 버리고 전임 사간(司諫)의 자격으로 선산에 물러가 있었는데, 수양대군이 단종에게 청하여 좌사간(左司諫)으로 불렀으나 사퇴하고 나아가지 않았다.

다 가운데 있는 섬으로 들어간 것[290]보다 더 어려운 점이 있었다. 한 분은 일의 기미가 아직 나타나기 전에 미리 일찍 밝게 살펴서 세상을 떠나 속세와 단절하고 그대로 평생을 마칠 뜻을 품었으니, 높은 식견은 당시의 선비들이 세상 밖으로 종적을 감추고 깨끗이 하여 더럽히지 않는 것과 대략 서로 들어맞았다. 어찌 하늘이 완전한 절의를 두 분에게 내려주어서 앞에서 일컬은 두 충신과 향기로움을 나란히 하고 아름다움을 함께하여 일세의 제방이 되고 신하된 사람의 기강을 세운 것이 아니겠는가?

애석하게도 세운 절의가 높은 것은 필시 평소의 수양이 훌륭하였던 것에 뿌리를 두고 있는데, 유의조(柳儀曹)[291]와 같이 세상에 드러나지 아니한 사실을 거두어 모아서 그 큰 절의가 우연히 한 번 분발한 것이 아님을 밝히는 사람이 없다. 이 기록을 남겨 그 잠긴 광채를 천명하지 않는다면 두 공의 마음과 자취가 거의 묻혀 사라지게 될 것이다. 진실로 좋은 벽옥은 쪼개지지 않는 법이니 반드시 피눈물로 밝히는 자가 있을 것이다. 일선은 우리 선조들의 묘소가 있는 나의 고향으로 선배 현철(賢哲)들의 높은 풍모가 귀로 들어 이미 익숙하였으며, 더욱이 경은 선생은 나의 5대 조모에게 외형제가 되기에 인척의 연분으로 그 덕행을 경모한 지 더욱 오래되었다. 이제 이분들이 보여주신 뜻에 느낀 바 있어 삼가 단정히 절하고 쓴다.

---

290 옛적에……들어간 것: ≪논어·미자(微子)≫편에 "태사(악사장) 지는 제나라로 가고, 아반(악사) 간은 초나라로 가고, 삼반(악사) 요는 채나라로 가고, 사반(악사) 결은 진나라로 가고, 북치는 사람 방숙은 하내로 들어가고, 소고를 흔드는 무는 한중으로 들어가고, 소사(부악장) 양과 경쇠 치는 사람 양은 바다의 섬으로 들어갔다.(大師摯適齊, 亞飯干適楚, 三飯繚適蔡, 四飯缺適秦, 鼓方叔入於河, 播鼗武入於漢, 少師陽擊磬襄入於海.)"라는 글귀가 있다. 모두 나라에 도가 행해지지 않자 자리에서 물러나 은거한 사례들이다.

291 유의조(柳儀曹): 중국 당(唐)나라 유종원(柳宗元, 773~819)의 별칭. 예부(禮部) 낭관(郎官)을 의조(儀曹)라고 불렀는데 유종원은 순종(順宗) 때 왕숙문(王叔文, 753~806) 집권 시기에 예부원외랑(禮部員外郞)을 역임하였기 때문에 이렇게 불렸다.

一善多偉人碩士，其道學行誼，名當世而垂後世者，累累相望，實我東之廬陵鄕也．若最其節義之著聞者而言，如吉注書之不貳於其朝、河司諫之盡忠於所事，名聲磊落，固已震輝宇宙，雖婦人孺子無不知．

當時之有二公，而當二公之時有二公之忠之節，而有不爲世之所知者．新谷金先生[諱澍]，奉使皇朝，還到鴨綠江，聞麗運已訖，東向痛哭，寄書與妻子訣，還入中國，家人具衣冠，葬於故山；耕隱李先生，當景泰甲戌間，見時事艱虞，晦迹丘園，託以昏聵，足不出外戶，其貞亮堅苦之節，不但勉强於一時之暫而已也．

嗚呼！士方平居，孰不抵掌，慨然以節義自許，一朝變故，神喪氣沮，其不負國而失身者，於千百年而不見其一二焉，獨二公於此，屹然不撓．一則知家國事不兩立，能一刀兩段，寧爲羈窮萬里之鬼，而不忍屈節二姓之朝，其潔身高蹈，比古之逾河入海，尤有所難焉；一則事幾未然而燭之已，早離世絶俗，有終焉之志，其見識之高，與當世之士遁迹方外、淸而不汚者略相符．豈非天之以完節畀二人，與前所稱二忠，聯芳而並美，爲一世之防立人臣之紀也？

惜乎其樹立之高，必有本於平日之所養之偉者，而世無如柳儀曹之收拾逸事以明其大節非偶爾一奮者．非有此語，闡其潛光，則二公心迹，幾於湮泯．信乎良璧未剖，必有泣血以明之者矣．一善吾舊桑梓之鄕也，先哲高風耳濡已稔，而耕隱先生於吾五代王母爲外兄弟也，瓜葛之分，景行愈久．今有感於示意，謹端拜識之．

삼인록 발문[292]

상기 ≪삼인록≫을 편집한 지 이미 오래되었는데, 지금 내가 마침 관동(강원도)관찰사로 있으면서 청서하고 인쇄하여 장차 일선(一善: 善山)에 잘 간직해두려고 한다.

아! 삼인(三仁)의 명성은 비록 우주 밖에서 들은 사람들이라고 하더라도 오히려 의기를 분발시켜 일어나도록 하는데, 하물며 우리 고을 사람으로서 뽕나무와 가래나무 심긴 곳[293]을 우러러보며 조상의 산소에 참배하는 자들에 있어서야 오죽하겠는가! 게다가 나는 경은 선생의 후예인즉 느껴 흠모하는 마음이 또 마땅히 어떠하겠는가? 이에 한 마디 말을 하지 않을 수 없는 것이다.

---

292 원서에는 발문의 제목이 없지만 보충해 넣었다.

293 뽕나무와 가래나무 심긴 곳: 고향을 가리킨다. 옛날에 살던 집 옆에 이 나무들을 심었기 때문이라는 설도 있고, 부모가 심은 나무이기 때문이라는 설도 있다.

옛적 중국의 강상현(江上縣)[294]에 오래 전부터 삼현사(三賢祠)[295]가 있었는데, 주자(朱子)가 '삼(三)'이라는 숫자에 제한되어 후세 사람들로 하여금 그런 경지에 미치기를 바라도록 하지 못하게 할까봐 꺼림칙하게 여겨 마침내 다른 이름으로 고쳤다.[296] 지금 우리 삼인(三仁)은 후세 사람들의 의기를 분발시켜 일어나도록 하는 것이 이와 같으니, 인자의 배출이 지난날의 성대함과 같지 아니하여 이 ≪삼인록(三仁錄)≫이 더 방대한 책으로 늘어나지 않을 것이라고 어찌 알겠는가? 그런즉 지금 '삼(三)'으로 국한하여 이름을 붙이는 것이 아마도 주자의 뜻에 어긋나는 게 아닐지! 그리하여 내가 처음엔 이 문제를 가지고 고을의 원로들과 의논하여 고치도록 요구하고자 하였으나, 얼마 뒤에 다시 생각건대 오직 사람들의 의기를 분발시켜 일어나지 못하도록 할까봐 두려워하는 것뿐이었다. 진실로 그런 사람이 있다면 비록 이 ≪삼인록≫이 날로 늘어나고 달로 더해지도록 하더라도 판각하는 사람들이 노역을 싫어하지 않을진대, 하물며 후세 군자들이 또 어찌 그 이름을 고치는 일을 꺼려하겠는가? 우리 고을 사람들이라면 어찌 서로 더불어 힘써 노력하지 아니하겠는가!

경은의 먼 후손 통정대부(通政大夫) 수원양도[297]관찰사(守原襄道觀察使) 겸

294 강상현(江上縣): 지금 중국 절강성(浙江省) 구주(衢州) 강산시(江山市)이다.

295 삼현사(三賢祠): 청(淸)나라 때 간행된 ≪복주부지(福州府志)≫에 따르면, 구주(衢州)의 삼현사는 주자(朱子)가 강학을 했던 회옹암(晦翁巖)에 있는데 주희(朱熹, 1130~1200)와 유지(劉砥, 1154~1199) 및 유려(劉礪, 1157~1204)의 삼현을 제사지내던 곳이다. 송(宋)나라 사람인 유지와 유려 형제는 회옹암 안에서 독서에 열중한 것으로 알려진 인물이다. 이밖에도 중국에는 여러 곳에 '삼현사'라는 이름을 가진 사당이 있고, 삼현에 속하는 인물도 제각각이다.

296 주자의 이런 견해는 그가 쓴 <구주삼현사기(衢州三賢祠記)>라는 글에 잘 나타나 있다.

297 원양도: 조선 효종(孝宗) 때 일시적으로 강원도(江原道)를 원양도(原襄道)로 고쳐 불렀다. 뒤에 다시 강원도란 이름으로 환원되었다.

병마수군절도사(兵馬水軍節度使) 순찰사(巡察使) 벽진 이상일(李尚逸)이 삼가 발문을 쓰다.

右錄編摩已久，今余適忝按關東，淨寫入梓，而將莊置于一善矣.

噫! 三仁之風，雖越宇宙聞者，尚能興起；況我鄉里之人，仰其桑梓、拜其丘墓者乎! 而余又耕隱先生之裔,則感慕之心，又當如何也! 第於此不能無言焉.

昔江山縣，舊有三賢祠，朱子病夫限其目，而不使後人企及，遂改以他名. 今我三仁，興起後人者如此，則安知其輩出，不如前日之盛，而此錄增爲巨編乎! 則今局於三而名之者，無乃有違於朱子之意耶! 余始欲以此，議於鄉之父老，求所以改之者，旣而思之，惟懼人之不能興起. 苟有其人，則雖使此錄日增月益，而剞劂氏亦將不厭其勞役；況後之君子，又豈憚於改其名乎? 吾鄉之人，盍相與勉之哉!

耕隱耳孫，通政大夫、守原襄道觀察使兼兵馬水軍節道使、巡察使，碧珍李尚逸謹跋.

유묵
遺墨

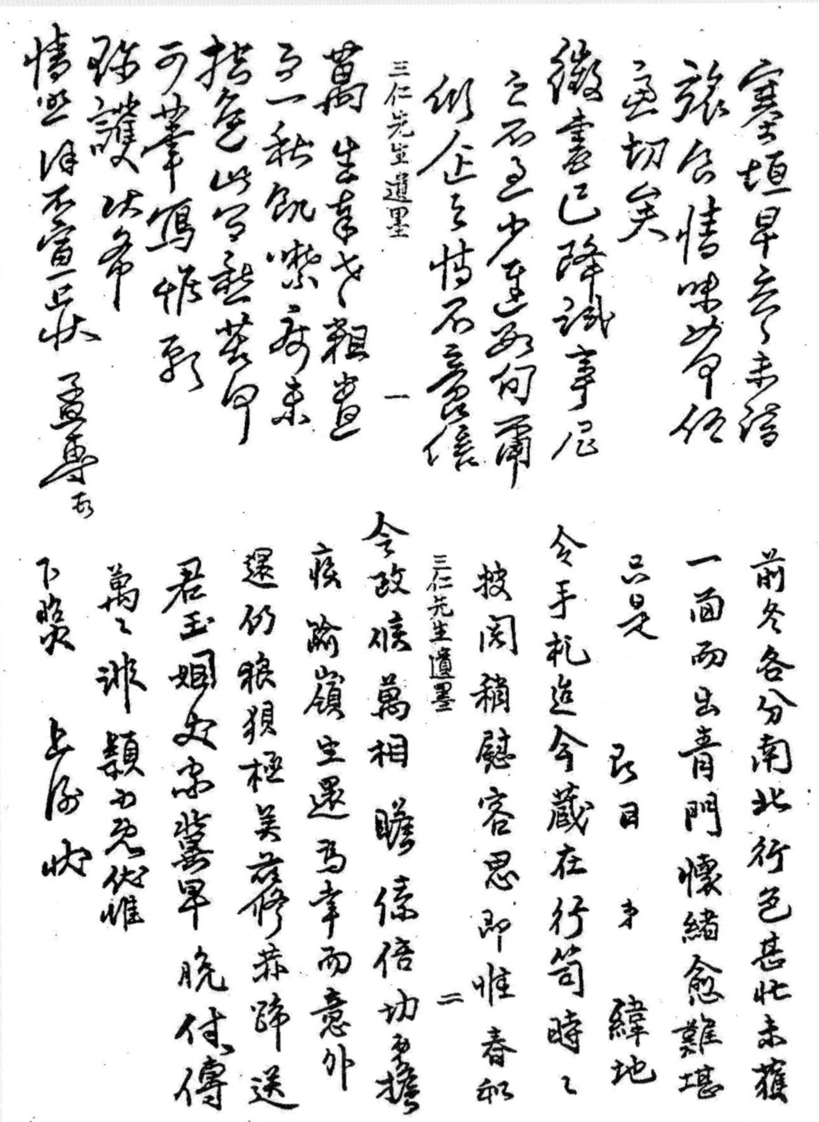

▲ 경은 선생 유묵(상단)과 단계 선생 유묵(하단)

경은 선생 유묵[298]

寒垣早寒, 未諳旅食情味如何, 仰慮切矣. 徵書已降, 試事屈否? 不過少遲數旬爾, 欣企之情 不啻倍萬. 生奉老粗遣, 而一秋飢噤, 病未控免, 此間愁苦, 何可筆寫? 惟願珍護, 伏希情照, 餘不宣上狀. 孟專頓.

변방의 이른 추위에 객지에서 생활하시는 정취가 어떠하신지 알지 못하여 우러러 염려됨이 간절하옵니다. 임금께서 부르시는 교서가 이미 내려와 직무에 임명한 것이 닿았는지 닿지 않았는지요? 조금 수십일 정도 지체함에 지나지 않으니 기쁘게 바라는 정은 단지 일만 배뿐만이 아니랍니다. 소생은 노친을 받들며 대충 보내면서 한 가을을 굶주리고 입을 다무니 병을 면해달라고 청할 수 없는지라 저간의 근심과 고생은 어찌 붓으로 다 쓸 수 있겠습니까? 오직 옥체 보중하시기를 원하옵고 살펴 헤아려주시기를 엎드려 바라면서 나머지 하고픈 말을 다 쓰지 못하고 아쉬워하며 편지를 올립니다. 맹전이 머리를 조아립니다.

298 경은 선생 유묵 번역은 ≪월암서원지(月巖書院誌)≫에 실린 것을 참고하였으며, 문장을 약간 다듬었다.

단계 선생 유묵

前冬各分南北, 行色甚忙, 未獲一面而出靑門, 懷緖愈難堪. 只是卽日, 弟緯地, 令手札迨今藏在行笥, 時時披閱, 稍慰客思. 卽惟春和, 會政候萬相, 瞻傃倍功, 弟擔疾踰嶺, 生還爲幸, 而意外還, 仍狼狽極矣. 玆修恭蹄, 送君玉姻丈家, 冀早晩付傳, 萬萬非穎不免. 伏惟下照, 上謝狀.

지난겨울 각각 남북으로 나뉘어 행색이 몹시 바빠 만나 뵙지도 못하고 도성 문을 나섰기에 심정이 한층 더 편치 않아집니다. 다만 이와 같지만 근자에 저는 보내주신 서찰을 지금까지 줄곧 행낭에 간직하고 다니면서 때때로 펼쳐보며 객지에서 그리워하는 심정을 조금이나마 달래고 있습니다. 이에 봄날 화평하시기를 바라던 차에 마침 시국이 끝없이 변화하여 보아하니 배전의 노력을 필요로 하므로, 저는 병든 몸으로 고개를 넘어갔으니 살아 있는 것만도 다행이었습니다. 살아 돌아가리라고는 생각하지 못하지만 이러지도 저러지도 못하는 극심한 곤경에 처해 있습니다. 지금 조서를 기초하여 군옥 사돈 어르신 댁에 보내며 가급적 빨리 알려주시기를 바라면서 필시 서찰이 아니면 면하지 못할까 하옵니다.[299] 엎드려 내려주신 서찰을 생각하며 감사하는 마음으로 올립니다.

---

299 지금……하옵니다: 이 부분은 축자역을 하였을 뿐 전후 문맥의 파악이 명확하지 못함을 밝히며 강호 제현의 질정을 바란다.

농암 선생 유묵[300]

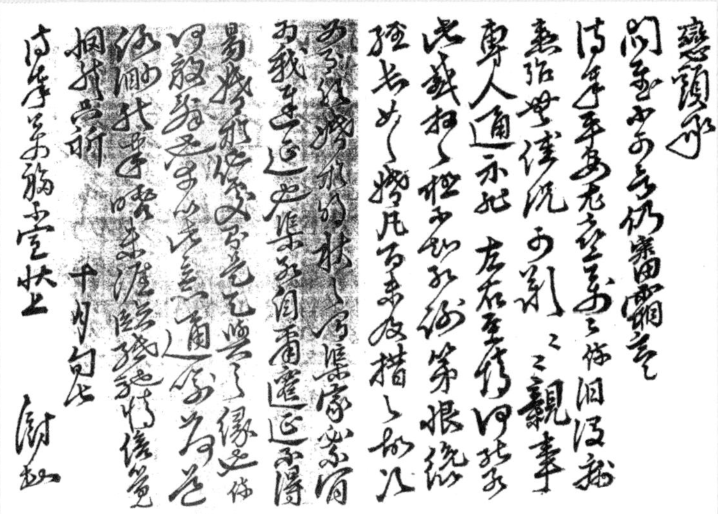

▲ 농암 선생 유묵

戀頭承問, 慰不可言. 仍審霜寒, 侍奉平安, 尤喜萬萬. 僕汨沒病患, 殆無佳況, 可歎可歎. 親事專人通示, 非左右至情, 何能若此? 感拜之極, 不知所謝. 第恨纔經長女之婚, 凡百未及措之, 故次女則行婚於明秋之間, 渠家必不肯爲我遲延也. 渠若自爾遷延, 不得易婚於他處, 則是天與之緣也. 僕何敢辭也? 幸以此意通喩如何? 道路渺然, 逢晤未涯, 臨紙馳情, 倍覺惘

300 농암 선생 유묵은 저본에 실려 있지 않지만 다른 두 분의 유묵과 균형을 맞추기 위해 ≪월암서원지≫에 실린 것을 전재하였는데, 번역문은 약간 다듬었다.

然, 只祈侍奉萬福, 不宣狀上. 十月旬七, 澍頓.

그리워하던 차에 문안 편지를 받으니 위안이 됨을 말로 다할 수 없습니다. 그리하여 편지 내용을 살펴보니 서리가 내려 날씨가 추운 때에도 부모님을 편안히 모신다고 하니 이루 다 헤아릴 수 없을 정도로 더 기쁩니다. 저는 병에만 온 정신을 쏟느라 좋은 상황은 전혀 없으니 한탄스럽고 한탄스럽습니다. 혼사는 특별히 사람을 보내어 통지해주시니 그대의 지극한 정이 아니면 어찌 이와 같이 할 수가 있겠습니까? 감사하여 경배함이 지극하여 사례할 바를 알지 못하겠습니다. 다만 한스러운 것은 겨우 장녀의 혼사를 거치면서 범사를 제때에 처리하지 못하였기 때문에 차녀는 이듬해 가을에 혼인을 거행하려고 합니다만, 저쪽 집에서는 필시 우리 때문에 지연하려고 하지 않을 것입니다. 저쪽에서 만약 자연스럽게 뒤로 미루다가 다른 곳으로 혼인을 바꾸지 못하게 된다면 이것은 하늘이 준 인연일 터인데 제가 어찌 감히 사양하겠습니까? 다행히 이러한 뜻으로 통지하여 알리게 하면 어떠하겠습니까? 길은 아득히 멀고 만나 이야기 나누는 데는 끝이 없을 터인지라, 종이에 편지를 쓰려고 하니 정이 치달아 망연자실함을 배나 더 느끼게 됩니다. 다만 어버이를 받들어 모심에 만복이 있기를 기원하옵니다. 하고픈 말을 다 쓰지 못하고 아쉬워하면서 편지를 올립니다. 10월 17일에 김주(金澍)가 머리를 조아립니다.

참고문헌

碧珍李氏耕隱派宗會, ≪三仁先生事蹟≫(影印本), 永川: 龍溪書院, 1992. 7.

송시열, ≪송자대전(宋子大全)≫, 대전: 보경문화사, 1985.

월암서원복원추진위원회, ≪월암서원지(月巖書院誌)≫, 대구: 도서출판솔솔, 2011. 6.

육선생유고편찬위원회, ≪육선생유고(六先生遺稿)≫, 대구: 대보사, 2006. 5.

윤근수, ≪월정집(月汀集)≫(한국문집총간본).

장현광, ≪여헌선생문집(旅軒先生文集)≫(한국문집총간본).

조동영 역, ≪국역 육선생유고≫, 서울: 민족문화추진회, 1999. 11.

조찬한, ≪현주집(玄洲集)≫(한국문집총간본).

최현, ≪인재선생문집(訒齋先生文集)≫(한국문집총간본).

최현 편, ≪일선지(一善誌)≫(필사본), 1618년(광해군10).

국역 삼인록(三仁錄)

선산의 세 어진 선비

三仁先生事蹟

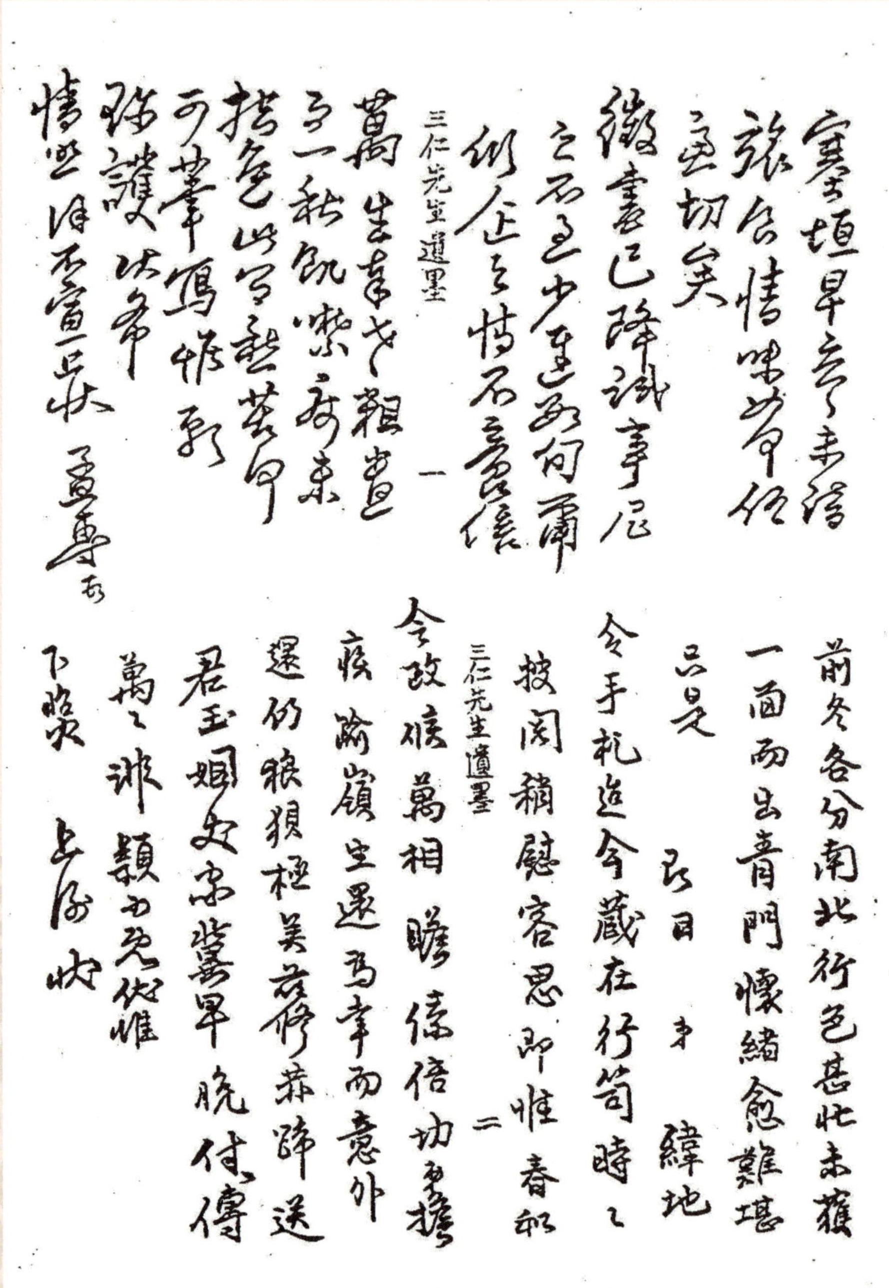

三仁先生遺墨 一

三仁先生遺墨 二

色沮其不負國而失身者於千百年而不見其一二焉獨二公於此屹然不撓一則知國家亭不兩立能一刀兩段寧爲羈窮篤里之鬼而不因屈節二姓之朝其潔身高蹈比古之遯河入海尤有所難焉一則亭幾未然而燭之已早離世絶俗有終焉之志其見識之高與當世之士遁迹方外清而不汚者畧相符豈非天之以完節畀二人與前所稱二忠聯芳而並美爲一世之防立人臣之紀也信

乎其樹立之高必有本於平日所養之偉者而世無如柳儀曹之收拾逸亭以明其大節非偶爾一奮者非有此語闡其潛光則二公心迹幾於湮泯信乎良璧未剖必有血泣而明之者矣一善吾舊桑梓之鄉也先哲高風耳濡已稔而耕隱先生於吾五代王母爲外兄弟也瓜葛之分景行愈久今有感於示意謹端拜識之

右錄編摩已久今余適忝按關東浮寫入梓而將莊置于一善矣噫三仁之風雖越宇宙聞者尚能興起況我鄕里之人仰其桑梓拜其丘墓者乎而余又耕隱先生之裔則感慕之心又當如何也第於此不能無言焉昔江山縣舊有三賢祠朱子病夫限其目而不使後人企及遂改以他名今我三仁興起後人者如此則安知其輩出不如前日之盛而此錄增爲巨編乎則今局於三而名之者無乃

有違於朱子之意耶余始欲以此議於鄕之父老求所以改之者旣而息之惟懼人之不能興起苟有其人則雖使此錄日增月益而剞劂氏亦將不厭其勞役況後之君子又豈憚於改其名乎吾鄕之人盍相與勉之哉耕隱耳孫通政大夫守原襄道觀察使兼兵馬水軍節度使巡察使碧珍李尙逸謹跋

手扶綱綸一時之屈萬世之伸同時抗操託
旨韜跡遯于丘樊俯仰不怍向瞰傴僂之死
靡忒耆玆忠節跡殊義同志勵風霜精通上
穹萃于華岱不足爲崇昭乎日月不足爲明
並播芳芬一軌同程千載一出尚曰比肩而
其生也間不百年擧國有求猶難其人百里
之內有玆三仁層操峻槩凜然如昨考之前
代蓋亦罕覯洛水滔滔烏山矗矗有翼其祠
以尸以祝褒忠奬節王政所先建宇錫號禮

典嘗然肆將華揭肩賁院額以樹風聲以範
來學仍遣禮官替薦牲醑靈庶來格共歆馨
侑

奉安祭文　　司藝金寧

嵩山弟鬱洛水悠揚扶輿孕精篤生忠良或
仕麗季奉命華國臨江不渡中土淪魄或前
鈇鉞大義霜雪身膏鼎鑊素心愈確或與世
違故園歸蹤收視廢聽半世藏蹤嗟我三賢
異迹同趨微比箕節曠世相符風聲永樹表
準來學禮闕並享公議久鬱今焉合堂江上
廟貌祀享春秋馨此景慕

常享祝文

節則二子行同三仁風聲一樹廟食千春

題一善誌後　　蒼石李埈

一善多偉人碩士其道學行誼名當代而垂
後世者纍纍相望實我東廬陵鄉也若最其
節義之著聞者而言如吉注書之不貳於其
朝河司諫之盡忠於所事名聲磊落固已振

耀宇宙雖婦人孺子無不知當時之有二公
而當二公之時有二公之忠之節而有不爲
世之所知者新谷金先生(諱澍)奉使皇朝還到
鴨綠江聞麗運已訖哀向痛哭寄書與妻子
訣還入中國家人具衣冠葬於故山耕隱李
先生當景泰甲戌間見時事艱虞晦迹丘園
託以昏瞶足不出外戶其貞亮堅苦之節不
但勉強於一時之暫而已也嗚呼士方平居
孰不抵掌慨然以節義自許一朝變故猝容

晉之淵明唐之甄濟數人而時人亦莫能窺測則先生之志無慼乎世人之不識也識與不識非所以加損於先生之高義而生吾一鄉者苟有尊賢慕德之誠則其不息所以發潛德之幽光激清風於後來也哉古人所謂鄉先生沒而可祭於社者其在斯人而空山蔓草短碣欹側百許年來香火寂寥使我忠賢之鄉無所尊述以至于今愈遠而愈晦此權斯文柳先生之所以噴噴稱嘆而朴君之

所以惓惓於其先人之所記而託之者也今五峯李相好閔其先夫人朴氏海平人也與余先妣同里閈連門丘(先妣之前祖母即朴夫人三寸)夫人嘗語此事耳聞既熟五峯既許述先生行狀而以其髦老遷延未就余雖不文惟是泯滅是懼收拾所聞撰出一善志而錄其梗槩如右天啓丙寅先生外後孫通政大夫守江原道觀察使兼兵馬水軍節度使崔晛謹跋

次李正言　佔畢齋金宗直

青紫班中無夢寐者英會上整冠襟門闌喜氣孫生子里巷歡聲歲守心時與野僧同茗席每揩病眼閱書林壺中日月眞如此名宦紛紛幾陸沈

和李正言　同人

故人零落一身存膝下孫今欲抱孫借問菊潭何處是靈椿千載蔭孤村

彝尊錄書李孟專世居善山累官至司諫院正言昭格署令中年不樂仕退居鄉里

表裏無瑕與物無競今年已九十夫人金氏亦八十六皆無恙

賜祭文　肅宗甲戌　知製教權重經

國王遣禮曹佐郎金遇一諭祭于故禮儀判書金澍司諫河緯地正言李孟專之靈於戲瞻彼一善德星攸萃天地涵秀嶽瀆鍾異鴻儒碩德蔚然繼起猗歟三賢前後一致星軺載旋國亭非昔臨江寄衣恥食周粟竄身荊蠻遯焉高蹈矢心所事一于六臣身膏鼎鑊

諱念言 號碧珍將軍 歷年旣久雲仍衰替而豐功偉績
載於父老所傳至今猶記其遺基故墓焉至
於先生生淸顯之門而登聖明之朝淸德直
聲振耀當世不幸中年有憂違之志退伏鄕
曲恬靜自守不與物接仕官非意而名聲日
逐非循例辭退之可免故託以目不見物耳
不聞聲杜門謝客斷絶人事獨佔畢齋金先
生以其與司藝先生爲道義交每訪先生先
生終日言笑神氣和暢亹亹不厭焉宗居五

十餘年家無苫席食無匙箸而處之益裕身
沒之後子孫衆多散處他鄕家事零落因而
不振且其平生淸苦之節略見於輿地勝覽
及佔畢齋所撰彛尊錄中而出處之義則嘗
時所諱故微而不闡但云中年不樂仕官退
老鄕里而已則言外之旨後人鮮有知者先
生之德終至於泯泯焉先生曾孫女寔余先
妣余未十歲見背鞠於從母每言家人不識
先生託盲聾之意夫人屢使婢僕試之猶不

能識及臨沒乃知之語余時尙少多不記憶
其後見草澗權斯文稱先生秉節自晦事余
之異姓再從李軫李輸亦先生四代外孫見
西崖柳先生兩先生與平日所聞相符謂一
善國是忠賢之鄕而高人數等者有數君子
焉麗末金某 諱澍 奉使赴京聞國亾還入中原
終身不返　英廟末年先生以名官知時事
日非退老鄕曲終身不仕其見幾之明高蹈
之堅雖當時諸賢亦有所難曰兩賢有如是

節行而不顯於世何耶曰全其節而晦其跡
使人莫得以知其意此其高人數等處也余
與朴君遂一相從久每稱兩先生出處示其
先祖龍巖先生 諱雲 手錄蓋龍巖近古人也得
於見聞者頗詳而恐其泯沒無傳略記志行
者也先生之弟恭僖公所記行狀及遺稿亦
失於兵火中尤可歎也噫邦家多事之時故
國無君之日全其節而安貧賤者固罕其人
而託疾遯世終身丘壑而不悔者漢之龔勝

勸酬盃酌怠其朝暮而歸夫人金氏以此知
旨聾之非眞也先生處于廳事囁穀在前每
爲雞雀啄盡而任其攫棄未嘗語人至臨沒
一家子弟始知之先生誠孝出天生事葬祭
一遵禮文待人恭而少戲笑視物淡而無所
嗜淸儉爲家閨範嚴肅禁子弟騎從曰親病
如此乘馬從徒情豈自安乎家人子孫非百
里之遠則皆舍馬而徒第三子惇往來寧咸
聘家也未嘗以騎從自逸一日至延香有農

者追捕簿兒惇爲奉病親乞其簿負入綱障
相去廿餘里一家儉素如此有一後生問曰
先生林下百年家徒四壁恐爲子孫憂先生
曰貧寠傳家何病乎佔畢齋先生撰彝尊錄
記以師友之例而書曰表裏無瑕與物無競
中年不樂仕宦退老綱障年至九十夫人金
氏亦無恙云云雖以當時所諱不敢直書而
微意已見先生弟參判恭信公諱季專記先
生出處終始其說頗詳而亂離散失先生私

稿二秩並失於兵火中先生生于洪武二十
五年壬申終于成化十六年庚子享年八十
九葬于善山府東延香之南彌石山西向之
原有短碣而無文夫人金氏之墓在其前先
生娶直提學金成美之女善山人爲尙州按廉使宋玹之胥
生四男一女男一曰朝徹大夫行大邱敎授
恂嫡孫淸河縣監琛源外派有修撰李德洙
都事李德泗淸州判書鄭經世尙州曰惴外派有
縣監李軫李輔軍威承旨崔晛善山進士安適道

掌令申達道佐郞申悅道義城曰惇外派有牧
使金涌進士李榮男曰怡外派有進士金安
節生員金光繼禮安進士朴弘慶幼學宋光弘
善山女適輔德朴斯愓姓孫之在星州者無多
在永川者稍多六代長孫司果希芳其子琰
支孫生員希陽其子得澍得瀓善山得以奉先
生丘隴

余閱山花李氏先生五代祖諱堅幹世譜及耕隱先生
事蹟竊有所感焉山花李氏星州之大族始祖

述懷

眼欲昏昏耳欲聾見聞無敏與癡同 下岐

蠶婦

城中蠶婦多桑葉何其肥雖云桑葉少不見蠶苦飢蠶生桑葉足蠶大桑葉稀流汗走朝夕非緣身上衣

啓 世宗丙辰

啓曰以池和李信除授官爵臣等以爲昔唐太宗謂房玄齡曰樂工雜類假使術逾儕輩

只可特賜錢帛以賞其能必不可超授官爵與朝賢君子比肩而立同座而食毋爲衣冠之恥累今池和等雖授官爵何以任其事且以紗帽品帶行於朝路與朝士並立誠爲未便乞罷其職只給月料以賞其功 上曰爾之所言誠是矣然前人之授職非始於此自古有之且司僉之職工商賤隷皆得以授忽不必皆任其事今池和等凡干國家卜筮婚姻等事無不參焉豈無其功雖除司僉之職

不害於義也

耕隱先生傳 訒齋崔晛

先生姓李諱孟專字伯純號耕隱世居星州北面椧谷村自先考諱審之判書公移居善山南面荊谷村 在金烏山下洛水之西 先生生長名門早擢高第選補翰林 世宗朝歷司諫院正言知製敎聞望夙著中年見時事艱危力求補外得居昌縣監以淸白聞 錄淸白吏 景泰甲戌間時事一變先生益自韜晦無意世念退老

綱障村託迹盲聾謝絶親朋子弟問其故則曰修養所忌朔日每向朝暾而拜子弟問其故則曰祈禱已疾嘗自吟曰眼欲昏昏耳欲聾見聞無敏與癡同雖家人婦子莫能測識也與司藝金先生諱淑滋爲平生道義之契佔畢齋入語則披露心曲應答無礙畢齋曰我先生之疾今庶幾矣先生答曰疾非庶幾也佔畢齋旣見君子自不覺心胸豁然也金先生識其微意改容加敬至於吐款相對

攸拗虧躬完節與五烏六鳴呼維洛沄沄有
時而涸維烏蠱蠱有時而谷維其烈烈氣也
何㥘狼以讖劣叨宰邦域敢揭賤虔薦此泂
酌伏願英靈庶賜臨格

耕隱李先生實紀

贈鄭比安仲虔韻

宅邊清澗夢行多儀覺燈明在我家惆悵音
容違咫尺只因衰病日來加

次

老病偏驚歲月多席門誰復問貧家忽然
床上風雷動手迹依然月露加

讀漢史

吾道多迷晦儒冠總岩容子雲殊寂寞伯始
自中庸六籍終安用三章竟不從悠悠千載
下重憶孔明龍

寒風答濯纓 馹孫

寒風西北來客子怠故鄉悄然共夜長燈火
搖我牀古道已云遠但見浮雲翔悲哉庭下
松歲晚愈蒼蒼願言篤交誼善保金玉相

敬呈李先生 濯纓金馹孫

先生韜晦久旨聾小子何知意欲同夜夜
子規啼不盡九疑山色月明中

小碣倭寇據府不免仆碎今先生外裔五代
孫金崑爲復豎之計而失其舊刻之文顧得
新詞以揭之噫先生事業日月如也光焰自
赫其何待於言乎天地知之又何用文詞以
示人哉且以尋常筆力豈得發揚其萬一歟
辭以不敢則金君之言曰前人旣碑之砭石
猶在淺不可不復遂屢來莫停其請愈堅故
敢略敍其所傳聞者矣至於先生懿行可爲
世敎夫豈一二哉而家沒無傳焉惟南秋江

傳六臣行于世稱先生爲人沈靜寡默口無
擇言又曰　世宗養育人才在當時方盛當
時之論惟先生爲首此亦足以槩知者豈樹
立於素養者固有其根本故做出於畧竟者
乃有此大節也哉先生兄綱地先先生登第
弟紀地與先生同榜季弟紹地生員有子曰
璉亦生員並坐於禍有女適李由義李之壻
曰縣監金仲慶崑卽其曾孫崑之爲是碑也
洪公瑞翼守是邦多所施濟以成之又出墓

僕若干以世其守又復崑之孽子姪四人俾
典香火其所以留意扶植者亦誠矣碑之立
是萬曆四十四年夏四月也　銘曰君子有
處變事業蓋亦成就一箇義所欲有甚於生
生可捐棄所惡有甚於死死不違避身膏鈇
鉞功在綱常四尺荒封令人髮豎兩骨凜是
先生衣冠之藏　玉山張顯光撰德水李景
節書

祭丹溪河先生文　府使趙纘韓

嗚呼哀哉泰山喬嶽可斷可屈先生之志不
可屈也穹溟砥柱可憑可拔先生之操不可
奪也嗚呼王佩長裾非我所先金貂華袟非
我所營予美亾此詎適爲容食焉不粟服焉
不哀昧命殉義遇觸乃激嗚呼風雹飛飛震
宇碎易震霆虩虩生類瑟縮日月上慘收魂
晦魄鬼神傍慴頻呻躑躅嗚呼刀鋸斧鑕不
能動髮火山湯海不能威蘇從容不色蹈烈
是篤鴻毛益輕金石愈確辭正義屹　聖怒

輩皆推朴仁叟爲集大成 出慵齋成俔叢話

丹溪先生傳　訒齋崔晛

先生諱緯地字天章世居晉州考諱澹始居善山延鳳里先生沈靜寡言勤學好禮　英廟朝以生員擢文科壯元選補集賢殿與朴彭年成三問申叔舟崔恒諸公昵侍經幄多所裨正魯山癸酉以直提學乞暇下鄉有終老之志及誅金宗瑞等徵以左司諫登道辭以疾上書極諫履霜苞桑之誡乙亥　光廟受禪白上王下教請致甚懇先生就召拜禮曹參判憐上王避位丙子五月與朴彭年李塏成三問柳誠源兪應孚等因金礩鄭昌孫上變告六人同日死先生有一子曰璉中生員謹有家行連坐被誅被拿之日從容處置家事拜辭于祠堂有女適李由義以出家僅免李又有女適縣監金仲慶仲慶之後以先生外孫守舊墓立廟奉祀

丹溪先生墓碣銘

先生諱緯地字天章氏貫晉陽籍先世來居善山考諱澹青松郡事王考以上莫之記先生生長于府底延鳳里幼時置一小齋與兄弟共處杜門讀書人不見其面　世宗戊午先生擢壯元選居集賢殿常補拾經幄　文宗時先生因在集賢殿奉命與諸儒臣撰歷代兵要成　光廟以首陽大君啓請加撰集諸臣職秩先生以中直臣中訓獨啓以加秩之請堅辭不已則遞執義爲直提學遂呈病乞浴溫井而下鄉及金宗瑞皇甫仁等見誅無意還朝至徵以左司諫纔登道病不赴仍上書陳懷以履霜苞桑嚴內治杜權門等語致慇懃焉蓋望之者切慮之者深也乙亥　光廟受禪先生就召爲禮曹參判其志則固有在也所賜祿別儲而明年丙子因金礩上變與朴彭年成三問李塏柳誠源兪應孚同日受誅嗚呼此惟先生之始終也先生之墓在府西古方山之原夫人金氏同其宅舊有

洵朴彭年嘗借蓑衣於緯地以詩答寄曰男
兒得失古猶今頭上分明白日臨詩贈蓑衣
應有意五湖烟雨好相尋蓋傷時也及誅金
宗瑞 光廟爲首相盡賣朝服以前司諫退
居善山 光廟白上拜爲左司諫下敎徵之
緯地上書略曰臣疾病纏綿久不平復將蒙
召還超授左司諫之職諭以更始之意今力
疾就道不幸就道之日冒寒中風舊證轉劇
有加無減雖欲力疾又不可得俯首呻吟戀

闕流涕云云又曰臣竊念近日之變簡策所
罕或受遺輔政或叔父懿親皆與國同休戚
而不道之甚乃至於此不可忍聞然往者無
及論之何益又曰除權奸自古爲難繼其後
者爲尤難更始之初所宜長慮卻顧廣謀熟
計毋或依違苟且毋曰何傷何害毋怠前功
而貽後悔毋使有悔者憚於盡言而主勢有
所拘束或成壅蔽也更念履霜苞桑之計益
張公室益嚴內治益杜權門益去可嫌之事

益絶朋附之漸又曰顧今日任輔政之責者
庶幾益盡保傅之道使聖體日康聖學日就
聖德遠成親萬機以慰赤子顒顒之望又曰
殿下亦宜開張聰聽延納讜論親骨鯁遠讒
佞敬重輔政大臣克濟艱難之運以副 文
宗皇考之望不宜徒自謙抑曰予小子何敢
而已也云云 光廟受禪敎書請致至勤緯
地就召拜禮曹參判甚寵幸焉緯地憐 上
王年富而避位恥食祿自參判以後別貯一

室而不食及丙子之變施烙刑三問等次及
緯地曰夫人有返逆之名非他徒流之比更
問何罪旣加我反逆之名其罪應誅戮矣夫
復何問上怒弛不施烙刑與三問等同日死
世宗養育人材至文廟時方盛尚論一時人
物推緯地爲首
河緯地字天章 世宗戊午擢壯元郎拜集
賢殿副修撰賜暇讀書 世宗時朴仁叟成
謹甫柳太初李伯高河天章皆擅名一 世儕

非不廣也而一遇旱乾州縣告匱而有移粟之患者以其蓄積之不多也古者九年之耕有三年之蓄今數郡無一年之蓄者有之求其能周急而免飢饉之患不亦難乎臣聞宋子社倉之制初請本於官而逐年取息後還本於官而定爲久計夏不收息以救一方之人水旱凶荒以相濟活玆亦仁人君子經綸興利之一政而牧民者之所當遵守者也豈有可行於文公之時而不可行於今日乎苟

能心文公之心法文公之法任得其人斂散有制則不患版籍之不明人民之流離而社倉之制可復行於今日矣臣伏讀聖策曰凡玆數者止悉陳無隱臣謂凡玆數者皆今日可行之事而蓄積尤當今之急務也方今公私之蓄誠可寒心大學論平天下而以生衆食寡爲疾用舒爲生財之大道伏惟 殿下留意於此申嚴遊食之禁而使民皆務其本去其不急之費量其入而出之則將見太倉

之粟陳陳相仍雖有七年九年之水旱而不憂堯湯之憂矣夫如是則上無調度不足之憂下有仰事俯育之樂善政之行治道之隆實在此矣雖然政者爲治之具也道者出治之本也而人主之一心又道之所由出也道之大原本於天道之大用著於政人君位天人之間而任克綏厥猷之責禮樂刑政之得失文章制度之損益皆係於一心之存不存伏望 殿下益勤艱難之念存養於不覩不

聞省察於莫見莫顯于以立天下之大本達天下之大用而致中和之極功則政無不擧弊無不革而參天化育之治可坐而致矣其於數事何足慮哉臣謹對

丹溪先生傳

秋江南孝溫

河緯地字天章善山人 世宗朝壯元爲人沈靜寡默口無擇言恭而有禮過闕必下馬雖雨潦不曾避路常在集賢殿侍經幄多所補正及魯山嗣位幼冲八公子强盛人心洶

知者此也夏諺曰吾王不遊吾何以休吾王
不豫吾何以助一遊一豫爲諸侯度嘗是之
時見羽旄之美擧欣欣而相悅雖有調度之
多何怨之有蒐狩之禮所以講武事而備宗
廟籩豆之實誠有國之不可廢也 殿下以
成湯祝網之仁體周家詰兵之戒四時之獵
必於民力休息之日于以簡閱其軍旅或慰
閭閻之休戚或察禾稼之豐歉此正省耕省
斂補其不足之遊豫而猶慮五日六日之有

弊于以見 殿下視民如傷之意也但以比
年以來水旱相仍人畜疫弊異於昔日其過
從調度減而損之則亦愛民節用之一道也
臣伏讀聖策曰古之帝王上其術安在臣聞
京師者四方之所會而與國匹休之地也故
立國定都聖人重之堯都平陽舜都蒲板皆
非循一己之私視民利而用遷者也周有天
下旣都鎬京而定鼎于洛邑者蓋鎬京王業
之所基而子孫之所當守也洛邑天地之中

而王者之所當居也於鎬京而定都以保祖
宗肇基之地于洛而卜龜以示天下宅中而
圖治周家制度周密如此其至也漢唐之世
旣立京師於關中又設京京於洛陽其得居
家一往一來之意乎昔在高麗旣都松京又
都平壤使子孫毋怠之者得不以平壤檀君
箕子之遺墟而流風餘俗之所在乎惟我
太祖受命之初定都于漢陽而以爲作民明
辟之地漕運之便四方之中而山岳不拔之

基也然松京淳厚人物豐盛山川之勝冠於
東方而人心息之臣竊謂漢陽祖宗基命之
地而子孫之所當敬守也上考歷代兩都之
制定居于此以爲萬世永建之制往來于彼
以爲巡狩遊豫之所于以謁陵寢于以講武
事則可以慰松京父老之望而古人並建之
意可復見於今日矣臣伏讀聖策曰義倉之
設止建社倉于閭里乎臣謂義倉者生民之
大命而邦本之所賴以固也方今義倉之設

之視臣奴之事主猶臣之事君然則奴婢雖亦天之民固不可變賤爲良與主抗衡也但均爲士家而多寡不同是固可歎也宜若立限以均之使無多寡之懸隔也然貴賤有時繁寡不同而奴婢生育盛衰亦異則求以均之恐未免終有不均之歎也臣聞君子爲政貴因循而重改作法立而不能盡善則莫若因舊之爲愈也漢之定限以三十口爲率而高麗盛時亦有定限之法宜若革弊而無憾

矣徒致紛擾之患而不可傳於後世亦見盡善也而況累世相傳之臧獲一朝奪而與人豈常情之所安乎定限之制固不可復臣願奴婢之過多者使分給一族之全無以爲親親之仁又塞棄幷之門使奴婢多者不得託買賣取諸人以自益則雖無定限之法庶有可均之漸矣臣伏讀聖策曰文武職事上何道而處之臣謂職田之法始於隋唐使内外庶官居其職者食其所賦之入所以備餼廩

養廉恥也國家科田之制因爵之等級定田之多寡職雖已去而田則不去身雖已沒而猶及後嗣其忠信重祿之美非隋唐職田之比卽文武世祿之意也然而多寡不同已受者獨享其利新進者無復有望爵雖同而田則異爲科田之實無等分其爲不均甚矣然豈法之不均乎乃用法者之不均耳職田之法雖若均矣而勳勞閑散未免寡養之憂恤養守信之田亦不廢誠如或者之所言而況

職田之制宋朝咸平天聖之間隨復隨罷莫能竟行莫如因其已成之憲嚴明均給之法裒多而益寡稱爵而授田則田無不均處之得其道矣臣伏讀聖策曰巡狩之制止可復行於今日歟臣聞天子適諸侯曰巡狩巡狩者巡所守也所以考制度察風俗而通遠近之情唐虞之時五載一巡狩成周之世十二年一巡狩其所以或疏或數久遠不同者觀其會通合于時宜而簡煩有異所謂損益可

明星倒十分清鏡張(仁叟)講榻伴儒釋塵編照
帝王(天章)非是韓擎短還如杜焰長(仁叟)在人偏
需索隨手任翺翔(伯高)放明寧自喜暫晦不須
傷(泛翁)獨幽同日月焚王豈崑岡(天章)繼晷勤功
業看花占吉祥(仁叟)可親兼可畏貽善又貽殃
(伯高)老僧知有意飢鼠要相防提攜憐不久朝
日在扶桑(泛翁)

策文

王若曰云云臣聞帝王之政隨時而異帝王

之治以道而同隨時而異故損益不同以道
而同故皆歸于治明乎古今之異宜而得其
損益之道則於爲國乎何有㳟惟
主上殿下進臣等于庭策之以奴婢耕田之
限與夫義倉社倉之法使陳損益之宜雖以
草昧賤士得進大對於明時其廣延衆論之
美制治未亂之意誠三代以來未有之盛也
臣伏讀聖策曰帝王之政止何者可損臣謂
一代之興必有一代之制故唐虞三代之治
皆因時而損益以成一代之規模欵所損所
益者亦不過禮樂制度文章政事之間而益
之損之與時宜之而已自是以降漢之大綱
視唐爲正唐之萬目比漢爲舉雖有一二之
可稱而何足爲今日道哉㳟惟 主上殿下
以天縱之聖緝熙之學嗣祖宗創業之艱難
撫盈成無疆之鴻休道洽政治咸中罔鼓而
猶患損益之未得其宜此卽堯舜其猶病諸
之意也臣伏讀聖策曰夫有田有民上將何

以處之臣謂天之生民雖有良賤之下上之
使下必有尊卑之等蓋大夫不可以徒步婦
人不可以外遊身爲朝列而使妻子親執廝
養之勞何以成禮俗乎故周禮有罪者沒爲
奴婢使執賤役則奴婢之設有自來矣惟我
東方自箕子撫運以來禮義之美聞於天下
者非特用夏變夷之俗自有別良賤立奴隷
以定上下之分而使大夫之家皆有尊卑之
分也家主奴婢之制一定而主之視奴猶君

分運奇策莫令東顧遺吾王

奉送給事中司馬先生使還

涑水淵源永世傳流波袞袞代生賢殿中獨對縱橫字頭上親瞻咫尺天許國忠誠持素節傳家禮法守青氈如今相遇還相別回首行塵一惘然

奉送侍講倪先生使還

六龍駕馭扶日轂 大明赫赫麗蒼穹坐開明堂布陽春 丹詔夜下蓬萊宮玉堂學士

駕星軺遙遙來指天之東鶴野飛雲襲貂裘鴨江波細橫蘭舟雞林鵠嶺入睥睨三山出沒金鰲頭馳驅叱馭經嶮艱壯士弧矢仍冥接覽旌羽蓋戒前程錦袍玉節相輝明三韓共職瀛洲仙使觀祥麟與景星爭擎 芝匭來宣傳周旋禮儀還無愆從容專對意氣振文章餘事俱入神談笑縱橫吐霓虹胸襟磊落羅星辰奇哉光焰萬丈長藻句出口頃驚人牢籠風月入錦囊汗漫天地卿周章小邦

僻陋難久留悤悤駕言回征軺春風吹入太液池需雲高擁丹鳳樓君歸承寵歌鹿鳴上園爛漫聞啼鶯君看海上蟠桃樹千年一實抱霜露摘向金盤獻至尊萬歲垂拱臨京落我有大爾出扶桑五彩燦爛成文章贈君韶戢舜衣裳要令四海昭回光

紙燈聯句 三角山聯句高山故石聯句聞笛聯句見成先生遺稿

做得氷輪樣藏爲一室光 天章 上體如天轉下形象地方 仁安 成質資輕楮揚輝避太陽 伯高 卯

逆頗虯穴寒凝素練霜 之翰 面帶十分潔心含一點芯 天章 風射穿憂滅夜明不覺天 仁安 冬日何須雪秋宵不費囊螢蕊擎新艷輕盈倚曉墻 之翰 雪裏明神焰夏凝照短檐 仁安 粹玉元無瑕爛紅只欠香 天章 薄穿嗔外面明白取中腸 仁安 莫誇宵切用應見曉歸藏 伯高 道炬收煒燁銀燭避熒煌 之翰 芳心樣濃艷皓質笑新粧 天章 妖姬顏帶酒死士目回瞠偷光慚見月粘紙認無障 伯高 籠輕越羅侵風急齊牛狂 之翰 一點

耶時傳之言莫得以盡意玆敢申之嗚呼亦
何得以盡之哉

謁籠巖先生來格廟　府使趙纘韓

一去孤忠甘自泯痛憐誇節只乾坤江山萬
古無言老祠宇千秋有數存士列日星明皦
處魂來籩豆靜嘉門懸蔥蒨顯靈虹意乎觀
奚惟感後昆

又　同人

月巖淸鏡淨朧朧爽骨偏驚造化工不是身

離烟火食卻疑魂入水晶宮沙明江綠莊圖
迴雲影山光落鏡空只爲先生靈所妥竦然
危坐看晴虹

謁籠巖先生來格廟　蒼石李埈

禾黍悲殷社衣冠變漢庭已知生苟且惟欲
死分明一札辭妻子三綱揭日星伯夷遺傳
在端合附高名
明庭非復漢衣冠面目何安舊土還但願盡
心王氏室不辭埋骨首陽山

丹溪河先生實紀

送徐剛中兄弟榮親歸大邱

一家文武姓名香兄執金吾弟玉堂鶴髮北
堂膺孝養錦衣南國已輝光鴒原先後君堪
羨荊樹參差我獨傷回首月波亭下路滿山
松柏鬱蒼蒼

送直提學崔先生德之歸湖南故山

丈夫出處古來難喜覩先生早挂冠疏傳乞
骸知止足樂天辭老愛淸閒十年魚鳥親如

舊三逕兒童候已歡從此不嘶林下見況今
淸譽滿朝端

贈盧生員

一片城西盧氏宅臺中風景別藏天靑松白
雪東岡外北望長安問幾年

送別二首

磊石八邊夕照明父子臨分話別情一首遺
詩不忍讀豁來示後見吾誠
幕中賓選一時良從古朝家亶朔方努力十

知府事疏然以終畢鋟曲爲先務乃據鄕人所申建祠於月淵之上請號於張旅軒爲之以來格蓋以先生之骨雖已埋於首陽之山其未死之靈尙有以騎麒麟鳳凰時往來于故鄕也廟去公之遺址未數里此實先生平日之所婆娑而今爲英靈陟降之地非偶然也廟前之講堂數十礎爲衿佩肄業之所觀其俯臨龍淵前帶鳳岫淸光秀色藹然來几席上豈非天作而地藏之以有待於今日也

葢我鄕後生常景行馨風者素矣今年春自汾谷過月淵謁廟李昇諸公屬余識其事嗚呼數百年幽光峻節一朝而表著之且建數畝儒宮於其下使朝夕息遊之徒得以觀感於斯其所以植民彝風世敎者爲如何而况鷹頭祠下者皆先生之苗裔則仁者之澤百世不斬茲皆可書也而遂略識其起事顚末欲激昂後人於無窮耳崇禎壬申秋日後人李埈謹書

謁籠巖先生來格廟　旅軒張顯光

後人之興慕先正者凡幾何而莫不因其蹤跡所遺而致虔焉若先生則旣自斷絶其蹤跡焉後之人何從而蹤之何的而跡之此所以後先生數百載而莫之有慕尙之擧也今者本府人始建祠宇於洛江之濱月巖之上此乃先生舊閭近地也豈非闡幽光發餘風者其有數哉先生之遺腹支裔多名人皆以奉承先生之志爲心雖不敢有記傳今在士

類中執籩豆於祠下者爲不少矣亦可見得仁之餘慶也奉命復無所隻身當何適性中有大路一天恢恢域此理貫今古有靈識應格踵風賢繼作孰誣人懿德嗚呼爲義之大則天之經地之緯也爲節之大則日於晝月於夜隔故　國一江而汲一生於不返則若非追孤竹首陽之志者能之哉人入祠庭者自不得不凜然肅然毛髮必豎此何心也乃秉彝之天也然則此廟其不爲天下之大關

掌禮典儀崩鼓斯舉銜命奏賀肅趨天晨亢
竣乃事班馬旋轅歷遼穿薊隔水鄉園方催
膏轄瞻望君門孰意京天瑞日承夜天命否
革 大聖龍蕩歸將曷歸國非故國所承者
命將安所復爰脫袍靴戒僕有言夫人之沒
葬是偕藏墓而不表泯迹與名丁寧付僕纂
飭來昆遂返華壇與廟混羣悲生榮死龍吟
滅迹嗚呼哀哉登山採薇非是死名過墟歌
麥亦出於情賦猶特立睹名著迹嗚呼哀哉

荊齋斷文志在沉滅聖稱至德可與伯仲江
頭脫袍是乃堙沒惟其殉義至德同域事異
迹同殊途等轍嗚呼哀哉其心貞矣其志確
矣其跡微矣其節潛矣其意悲矣其德至矣
吾東千古一人而已猥忝邑宰景仰彌感敢
薦微薄奠靈欽鑑

又 府使柳時會

他鄉誕葛故國黍離一片荒原精魂倘歸代
奠泂酌庶冀歆息

又 府使金穎達

恥食周粟留心晉甲臨江永設忠貫白日

籠巖先生來格詞

君臣之義首乎三綱本於天理而根於人心
雖天命之去於國而天理之在人心者則如
山川之流峙未嘗泯滅臣子之職但欲盡其
在已者而信大義於天下後世而已天命之
去與不去不暇論也麗氏之末籠巖金先生
諱澍奉使上國竣事而回到鴨綠江聞麗社

亾屋寄書與家人設終不還東土一步地其
心烈烈其氣凜凜有足以埒烏山而配嵩岳
玆豈非所守之正所處之安所欲之有甚於
生也豐城之劒雖埋在泥中而青虹之氣尚
射於斗間惟此孤忠鉅節終未有湮沒之理
自是而有文人義士相繼而揄揚雖其事蹟
不載於汗簡而其風節已播於口碑百歲之
下固足以竦動人矣獨枌榆之鄉無俎豆之
所爲鄉獻諸公竊歎崇禎庚午歲趙侯纘韓

一時並起於一鄉方駕齊驅追蹤夷齊屹然
爲千萬世人臣二其心者防遺忠斯固地靈
之所鍾金烏之山巍然若增重者嗚呼盛矣
哉且沒世而名不稱君子疾之名固非可厭
也乃以籠巖所立如是之烈而竟泯其迹不
爲身後名計欲使後世不復知有籠巖者嗚
呼先生之高於人殆未易量哉

籠巖先生　訒齋崔晛撰

公善山金氏考諱元考世居府北走兒里至

先生移居新谷娶開城尹柳息兩女高麗亾
先生入中原不返柳夫人生遺腹子名揚普
子孫甚盛按先生之事雖無載籍去故未遠
父老或有傳者先生五代孫金應敎振宗與
朴龍巖爲道義交嘗以此密語龍巖龍巖每
加景歎惟恐先生節義泯而無傳故其仲子
演及孫遂一錄其父師之言載于日記余先
君亦爲應敎一家人親聞其語而誨余如是
常與朴君商確所聞息有以闡揚龍巖之言

者素矣寔考當時之跡與先生子孫之所傳
詳略雖或不同而槩不出於採薇之意焉且
墓而不表非但先生之爲然子判官揚普亦
無墓碣孫縣監地有墓碣而無文自先生以
下皆追贈崇品豎之以常禮則豈無一字之
可記耶至其曾孫大憲之慶左祖應箕始立
墓碣具列祖系而皆止于先生沒其名不言
蓋諱其名迹固非尋常矣以禮儀判書奉使
不返則國人之所共知雖欲泯其名迹其可

得乎然則其子孫所傳還到鴨江付書遺命
者安知其訣別乘桴臨發密付之語而不敢
顯言泛稱以奉使云云者耶世代旣遠文獻
無徵如此等事固不臆料而其抗志秉義飄
然遠逝之迹終有不可得以泯滅者故並錄
鄙見以備參考云

祭籠巖先生文　府使趙纘韓

惟靈受材之宏逢時之屯秉道而邁當否而
騫於明揚擢大昏彌亂嘘炎發溫膚多愈沍

三仁事蹟

籠巖先生傳　月汀尹根壽撰

籠巖先生姓金氏諱澍高麗恭讓王朝以禮儀判書如皇朝賀節還到鴨綠江聞　我朝開國寄書夫人曰忠臣不事二君烈女不更二夫吾到江卽無所容其身我知夫人有娠若生男名曰揚燧生女名曰命德仍送其朝服及靴但以此爲信夫人下世後以此合葬爲我夫婦之墓且以到江上還向中朝之日

爲我忌日葬後勿用誌文墓碣遂還入中原居于荆楚其子孫相傳十二月二十二日爲先生諱日卽江上發書之日也夫人解脫得男命之曰揚普蓋改燧爲普先生系書善山侍中宣弓之後考曰判書元老夫人文化柳氏息雨之女也揚普登文科歷聞慶縣監官至宣慰使曾玄諸孫躋顯仕者相望大司憲之慶卽先生曾孫之慶之子應箕左議政其墓尚闕表石者遵遺命也萬曆丁酉秋冊封日本之行有幕下官許惟誠者到東萊自稱先生之裔因言先生家荆楚生三女許卽女壻之一許及其二女之後多登仕籍者云且聞先生應有其後欲見新谷之金不問善山金姓人只知善山爲金氏鄕貫而莫曉所謂新谷之金不能對後孫竟不得與惟誠相見先生卜居善之新谷籠巖下鄕人尊慕之不敢名而仍稱之曰籠巖先生噫先生殉國之節旣足以振耀於宇宙間而其家今之出於

倉卒之際者猶且眷眷以無聞於世爲言此人無有知之者抑應箕略不爲祖先闡揚計亦少推矣善山吾鄕也尚德而艷稱之者豈非同鄕後來之責乎贊曰麗朝之亾如鄭公夢周李公穡金公震陽李公種學吉公再徐公甄之數君子者或死或不死而其義形於色自靖於心則同歸云爾總之麗末之臣乃殫心王室者固自有數夫以善之府僅百里邑而乃有吉公再人不知又有如金公澍者

三仁先生事蹟序

三仁先生事蹟序

三仁先生事蹟序

善山自古多賢士聞人南山祠所祭四先生固尚矣而餘外又有不同於事而同於仁者三仁焉曰籠巖金先生澍丹溪河先生緯地耕隱李先生孟專記曰仁之難成久矣夫以有殷天下之大而惟有三仁焉今善山以京偏之一邑而其尊尚稱道而謂之仁者與之齊焉嗚呼何其盛哉或有難之者曰仁道至大聖人未嘗輕以許人今以一節之偏而得其名無乃過歟曰語其全體則誠有未易言者惟其存心處事之際合乎天理之公而無人欲之私則抑不可不謂之仁也以聖門言之諸子有日月至焉而猶謂之仁焉則況如籠巖之棄鄉國與妻子如視弊屣終於荊楚而莫之悔豈如陳文子之去齊未久而復反焉者比耶其所謂殺身成仁而毋求生以害仁者丹溪可謂云爾而託於盲聾以遂其志亦豈慕被髮佯狂蒙難明夷之義耶斯三人者雖不可以全體論之而其遭變事而不失其正各得乎本心之所安則其所謂合天理而無人欲者殆庶幾焉而亦可謂生同傳死同誌者矣宜乎善山之士一體尊慕號爲三仁摭其事實編爲一冊將以傳於久遠也耕隱耳孫碧珍李尚逸汝休今爲聞慶伯剞劂而行于世其獲而讀之者有不蹶然而起肅然而敬廉其頑而立其懦者直所謂無人心者雖夷齊與居亦將如之何哉

崇禎戊申孟夏恩津宋時烈序

三仁先生事蹟

편역자 소개

엮은이

이상일(李尙逸)
1600(선조33)~1674(현종15)
조선 중기의 문신
본관은 벽진(碧珍), 경은 이맹전 선생의 6세손
자는 여휴(汝休), 호는 용암(龍巖), 김장생(金長生)의 문인
1630년(인조8) 식년문과 급제
사헌부감찰, 형조·예조·호조좌랑 등을 거쳐
황해, 강원, 경상도 등지의 관찰사 역임

옮긴이

이종한(李鍾漢)
계명대학교 한문교육과 문학사
서울대학교 대학원 중어중문학과 문학석사, 문학박사
國立臺灣師範大學, University of Minnesota, Eastern Michigan University 객원교수
현 계명대학교 인문국제학대학 중국어문학전공 교수 겸 동산도서관장

• 주요 논저
- 『歷代論詩絶句硏究』(1983)
- 『韓愈 散文의 分析的 硏究』(1992)
- 『두보시선』(2000)
- 『한문 문법의 분석적 이해』(2001)
- 『당송산문선』(2003)
- 『한유 산문의 분류와 의론산문』(2005)
- 『文選 賦體 志類 作品 譯注』(2005)
- 『文選 賦體 情類 作品 譯注』(2005)
- 『중국산문간사』(2007)
- 『한문 서간문』(2010)
- 『한유산문역주』 1~5(2012)(2013 대한민국학술원 우수학술도서)
- 『당순종실록역주』(2020)(한국대학출판협회 2020 올해의 우수학술도서) 외 다수